AF548412

Herent und drent

Alte Bilder aus dem Bayerischen Wald und dem Böhmerwald

Für uns, die Battenberg Gietl Verlag GmbH mit all ihren Imprint-Verlagen, ist Nachhaltigkeit ein wichtiger Teil unserer Unternehmensphilosophie. Daher achten wir bei allen unseren Produkten auf den Einsatz umweltschonender Ressourcen und Materialien.
Dieses Buch wurde auf FSC®-zertifiziertem Papier gedruckt. FSC (Forest Stewardship Council®) ist eine nicht staatliche, gemeinnützige Organisation, die sich für die verantwortungsvolle und ökologische Nutzung der Wälder unserer Erde einsetzt.

Unsere Partnerdruckerei kann zudem für den gesamten Herstellungsprozess nachfolgende Zertifikate vorweisen:
- Zertifizierung für FOGRA PSO
- Zertifizierungssystem FSC®
- Leitlinien zur klimaneutralen Produktion (Carbon Footprint)
- Zertifizierung EcoVadis (die Methodik besteht aus 21 Kriterien in den Bereichen Umwelt, Einhaltung menschlicher Rechte und Ethik)
- Zertifikat zum Energieverbrauch aus 100% erneuerbaren Quellen
- Teilnahme am Projekt „Grünes Unternehmen" zum Schutz von Naturressourcen und der menschlichen Gesundheit

Martin Ortmeier

Herent und drent

Alte Bilder aus dem Bayerischen Wald und dem Böhmerwald

SüdOst Verlag

Bibliografische Information der Deutschen Bibliothek
Die Deutsche Bibliothek verzeichnet diese Publikation in der
Deutschen Nationalbibliografie; detaillierte bibliografische Daten
sind im Internet über http://dnb.ddb.de abrufbar.
ISBN 978-3-95587-821-4

Titelabbildung:
Der „Andresenmühlner“, dessen Bauernsägemühle bei Kreuzberg stand, hatte ein Stübchen neben der Sägehütte eingerichtet. Ein Bett, ein Tisch für Brotzeit und Zeitungslektüre, über dem Tisch eine Lampe und ein Kreuz dienten dem Wohlergehen des Sägemüllers. Schränk- und Schleifmaschinen und sonstiges Werkzeug standen und lagen zur Wartung der Sägetechnik bereit. Seit Jahrzehnten war hier nichts verändert worden, für den Photographen kehrte der alte „Såga“ 1994 noch einmal in sein „Sågstüberl“ zurück.

Innentitel:
Die Hauptgebäude der 1904 gegründeten Staatlichen Fachschule für Glasindustrie mit den prägnanten Mansarddächern und ihre Außenanlagen waren ursprünglich ganzheitlich gestaltet. Wichtige Teile des Ensembles sind bis heute erhalten geblieben.

Vignette beim Inhaltsverzeichnis:
Schön ist die Jugendzeit! Ludwig Ortmeier, der Vater des Autors, mit seiner Schwester Mariele auf dem Wehrmachtsmotorrad seines älteren Bruders Fritz, zirka 1938.

Umschlagrückseite:
Am 21. März 1943 sendet „Euer Karl“ nach Wien „Recht herzliche Grüße (…) vom schönen Böhmerwald“. Und er fügt an: „Mir geht's gut“. Die Postkarte zeigt eine völlig unversehrte Stadt, als viele Städte im Deutschen Reich schon schwere Bombenschäden erlitten hatten.
Der Blick geht über die Pfarrkirche St. Veit, Schloss und Schlossturm bis an den bewaldeten Horizont, wo auf dem höchsten Gipfel des Blansker Waldes der gemauerte Aussichtsturm am Schöninger (Kleť) zu erkennen ist.

Überarbeitete 3. Auflage 2023

www.battenberg-gietl.de
Buchgestaltung: Günter Moser
ISBN 978-3-95587-821-4

INHALTSVERZEICHNIS

Herent und drent– Kulturraum Böhmerwald

Boar und Behm, Bayer und Böhme also, wurde lange Zeit gespottet, seien oa Boa Stiefe, das heißt ein zusammengehöriges Paar Stiefel. Dies konnte noch als begründete Charakterisierung wesensmäßiger Gemeinsamkeit der beiden Stämme angehen. Der Spruch setzte sich jedoch fort mit owa geh kannst ned damit, wei's zwoa rechte san. Zwei rechte Stiefel verbänden sich zu einem seltsamen Paar, gleicher Art seien die zwei Volksstämme, will der Spruch sagen, aber zusammenpassen zu einem vernünftigen Ganzen würden sie nicht. Die binnen weniger Jahrzehnte gelungene Integration der vertriebenen Deutschböhmen in Bayern und die vielfältige Partnerschaft deutscher und tschechischer Grenzbürger seit der Sanften Revolution der Tschechen im Herbst 1989 stellen die Wahrheit dieses Gemeinplatzes aber in Frage.

Die konservative Verwurzelung in der katholischen Kirche verband und verbindet Bayern und Böhmen, gleich welcher Sprache. Sozialistisches Gedankengut fand im Kreis der Arbeiter in den Glas-, Papier- und Holzfabriken, bei den in die habsburgischen Städte wandernden Dienstmädeln und Bauleuten und den kleinen Wanderhändlern aus der Stachauer Gegend, den Stachaken, allerdings durchaus Anhänger. Linke Stiefel, um im Bild zu bleiben, gab es im Bayerischen wie im Böhmerwald also auch. Nur die Holzhauer, sich vornehmlich aus nachgeborenen Bauernsöhnen rekrutierend, waren meist den rechten Parteien zugeneigt.

Die Bauern und Handwerker, auch die Arbeiter, Holzhauer und Tagelöhner im Böhmischen waren ihren bayerischen Nachbarn alle ein gutes Stück in der Schulbildung voraus. Im Wettstreit der Volksgruppen hatten Tschechen und Deutsche der Versorgung mit Schulen und Lehrern viel Aufmerksamkeit geschenkt, vielfach war Zweisprachigkeit Grundlage einer größeren Weltläufigkeit. Davon hat der Bayerische Wald gewaltig profitiert, als ihm mit der Vertreibung Neubürger von jenseits der Grenze zukamen. Landräte und Bürgermeister, Amtsleiter und Schulrektoren stellten in den Jahren und Jahrzehnten der jungen

Vor dem Portal ihrer aus Granit errichteten Pfarrkirche sammeln sich in Finsterau die Wallfahrer. Ihr Führer Ludwig Moosbauer, ganz links im Bild, hat sie natürlich nicht auf den Bogenberg geführt, auch nicht nach Altötting oder auf Maria Hilf in Passau, auch nicht zur Heiligen Anna in Kreuzberg, die ohnehin zu nahe gewesen wäre. Jahr für Jahr ging es ins Böhmische nach Příbram auf den Heiligen Berg.

Bei Bischofsreut am „Eisernen Vorhang" blieb eine alte steinerne Brücke erhalten. Sie führt über den Harlandbach, der bei Marchhäuser die Grenze zu Tschechien bildet. Der Heimatforscher Paul Praxl hat aus den Quellen ermittelt, dass „Die Bischofsreuter Grenzbrücke" 1841 errichtet wurde. Über diese Brücke, die Bischofsreut mit dem nahen böhmischen Kirchdorf Böhmisch Röhren (České Žleby) und weiters Wallern (Volary) verbunden hat, sind nie Säumer gezogen. Aber den Touristikern gefällt es, sie jetzt Säumerbrücke zu nennen.

Bundesrepublik Deutschland vielfach die Vertriebenen, die sich Böhmerwäldler nennen. Zum Bildungsvorsprung dieser Leute kam die Not, sich durch Leistung zu behaupten, konnten sie sich doch nicht mehr auf Besitz und Herkommen stützen.

Der Titel dieses Buches, der vom Bayerischen Wald und vom Böhmerwald spricht, braucht eine Erläuterung. Denn es ist erst jüngst so geworden, dass der Name Böhmerwald, der einmal für das ganze waldbestandene Mittelgebirge galt, das sich als Böhmische Masse von der Oberpfalz bis hinunter ins oberösterreichische Mühlviertel erstreckt, auf den tschechischen Teil eingeschränkt wurde. Bayerischer Wald hieß bis Mitte des 20. Jahrhunderts lediglich der Streifen mittlerer Höhe, der sich südwestlich des Pfahls entlang der Donau vom unteren Regental bis ein Stück oberhalb Passaus hinzieht. Böhmerwald hieß einmal das ganze Waldgebirge, das die Donau hindert, ins Böhmische Becken abzufließen.

Wer es einmal erlebt hat, an einem frühen kaltklaren Morgen auf einem der Gipfel des Böhmerwaldes zu stehen, dem Plöckenstein, dem Lusen oder dem Osser, der wird diesen Anblick sein Lebtag nicht vergessen: Kieloben treibt das Schiff Moldanubikum in seinem Wolkenmeer. Von drüben, gar nicht so weit, grüßen Bergspitzen der Alpen als wilde Flotte – und man erinnert sich ungern, dass Richtung Südwesten München, der bayerische Bankert, am Meeresgrund seine Sünden büßt, dass Richtung Nordosten sich das böhmische Prag unter die Schaumkronen duckt und sehnsüchtig auf den nächsten Eroberer wartet. Wir sollten oben geblieben sein.

Der Dichter Friedrich Brandl hat dem Hohen Böhmerwald ein anderes Bild eingeschrieben: „wir steigen herab / von den bergen / der böhmischen insel".

Im Jargon der Touristiker und der Journalisten bürgert sich jetzt das Kunstwort Bayerwald ein, denn Bayerischer Wald ist schon ein recht holpriger Begriff. Ihm steht der Böhmische Wald gegenüber, der česky les. Ein besonders schönes Wort haben die

Dokument gewaltsamer Grenzverrückung: Der Grenzstein mit den verschlungenen Buchstaben ČS für Tschechoslowakei wurde umgestürzt, als am 1. Oktober 1938 Teile der Republik von den Deutschen besetzt wurden. Kurz darauf wurde das gesamte Nachbarland eingenommen.

Tschechen für den Hohen Böhmerwald, den sie poetisch die Rauschende nennen: Šumava. Was uns bewegte, dieses Buch zu machen, ist die vielgestaltige große Einheit des Böhmerwaldes – vielfältig und doch eng verwandt in Geschichte und Kultur, Natur und Wirtschaft. Nur hilfsweise sei auch im Folgenden vom Bayerischen Wald herent, also diesseits, und vom Böhmerwald drent, das heißt jenseits, die Rede.

Heim ins Reich propagierten die deutschsprachigen Böhmen nach dem Ende des ersten Weltkriegs und der Gründung der Tschechischen Republik immer lauter. Viele meinten das Deutsche Reich, wo sie zuvor aber gar nicht daheim gewesen waren, denn sie hatten ja zu Österreich-Ungarn gehört. Und wenn eine Stammeszugehörigkeit reklamiert sein sollte, so wäre es wohl für die Menschen im Böhmerwald der bairische Volksstamm gewesen, mit der zugehörigen bairischen Sprache, die aber nicht allein in Bayern, sondern auch in großen Teilen Österreichs gesprochen wurde und wird. Eine komplizierte Gemengelage, die aber nichts daran ändert, dass Vertreibung Vertreibung bleibt und auch so zu nennen ist. Für die meisten Tschechen, so sie nicht politisches Kalkül treibt, ist das auch heute kein Problem mehr. Dem Autor ist es aber unverständlich, dass viele Orte Böhmens, die einen deutschen Namen haben, der oft auch leicht

zu merken ist, von bildungsfernen Menschen mit dem fremdsprachigen bezeichnet werden. Leute, die nie sagen würden, dass sie ein Wochenende in Venetia, Brunico oder Firenze verbringen wollten, sagen Prachatice, Vimperk und Klatovy. Bei Česky Krumlov lassen sie sich gerade noch herab, es Krummau zu nennen, sie schreiben es allerdings falsch mit einem „m“. Immerhin sagen sie noch Prag statt Praha. Budweis hat das Glück, dass seine tschechische Entsprechung Česke Budějovice für deutsche Zungen etwas schwierig ist.
Auffällig ist, dass sich bei vielen Menschen, die in Bayern aufgewachsen sind, bei einem Besuch in den alten böhmischen Ortschaften ein innigeres Heimatgefühl einstellt, als in Dörfern, Märkten und Städten des Bayerischen Waldes. Der Mangel an Finanzmitteln und auch an Menschen hat dort Häuser und Siedlungsstrukturen bewahrt, die hier längst zerstört oder bis zur Unkenntlichkeit überwuchert sind.
Wenn wir in alten Photos den alten und wieder sehr lebendigen Kulturraum Böhmerwald betrachten, mischen sich ferne Bilder, die kaum noch auf unmittelbare Erinnerungen gründen, mit jüngeren, die uns näher liegen. Die Patrouillen amerikanischer Soldaten, aber auch die Milchbänke an den Landstraßen sind uns heute schon ebenso reine Erinnerung ohne irgendwelche ding-

In Bayerisch Eisenstein führt die Grenze mitten durch den Bahnhof. Die Journalistin Erika Groth-Schmachtenberger hat 1952 Menschen photographiert, die hinüberschauen in die böhmische Heimat, aus der sie 1946 vertrieben wurden.

Amerikanische Soldaten patroullierten zur Grenzsicherung, bevor der Eiserne Vorhang mit Zäunen, Stacheldraht, Minengürteln und elektrischen Fallen dem ungesetzlichen, aber gebräuchlichen Grenzübertritt für Jahrzehnte ein Ende setzte.

lichen Reste im Alltag, wie die scharschindelgedeckten Bauernhäuser des Hohen Böhmerwaldes, wenn auch deren Photographien nur wenige Jahrzehnte älter sind.
Dass sich eine ganze Bauernfamilie samt Dienstboten um einen Stubentisch schart, auf dem in der Mitte eine Schüssel steht, aus der alle gemeinsam löffeln, das ist zweifellos Vergangenheit. Höchst selten ist aber auch geworden, dass sich auf einem Bauernhof vor der Tenne Kinder zusammenfinden, an einer provisorischen Wippe, zum Ballspielen oder zum Abzählen der zu erwartenden Kindsgeburten an den Fäden eines abgerissenen Spitzwegerichblattes. Das wilde und sozial doch so vorbildliche Huadersauspiel, an das in der oberösterreichischen Zeitschrift Landstrich kürzlich erinnert wurde, ist fremd geworden. Dass Kinder unbeschwert auf einer Dorfstraße spielen, ist gänzlich unmöglich geworden binnen weniger Jahrzehnte.
Beim Betrachten dieser Bilder vergangener Zeit und vergangener Lebenswelt stellt sich Wehmut ein. Das sei hier ausdrücklich zugelassen, ja befördert.

„1968, als die Truppen des Warschauer Pakts den nach Freiheit strebenden Tschechen ihre Illusion raubten, ging in Deutschland für einige Wochen die Angst vor einer Invasion der Russen um.
Im selben Jahr durfte der Autor auf der Dult in Passau am Bemperlprater den Fisch mit den glänzenden Ringeln füttern, die von den Kindern der äußeren Reihe mit Stechern aus dessen Maul geangelt wurden. Sein Lohn: 12 Freifahrten.
Der Bemperlprater war Pilgerstätte aller Kinder. Der Schuster und Schnitzer Engelbert Zirnkilton hat ihn 1834 gebaut. Mehr als 150 Jahre wurde er von der Familie betrieben, bis er den großen Fahrgeschäften mit Lichtern, Geschwindigkeit und Höhenrausch nicht mehr trotzen konnte.
Zuerst war nach einem langen volksfestlosen Winter das mit Lochkarten betriebene Orchestrion verloren gegangen, dann wurde eines Tages die Dult ohne Bemperlprater eröffnet, aber das Volksfest wurde ohnehin aus der lebendigen Mitte der Stadt an deren Rand verlegt.

Am 30. August 1905 sandte das Ehepaar Rudolf und Anna Litzlbauer diese Karte aus Prachatitz an einen Bekannten in Linz.
Bereits am 31. August ist die Ankunft der Karte in Linz mit einem Stempel bestätigt, wo sie einem Büchsenmeister in der respektablen Herrenstraße zugestellt wird.
Die das Stadtbild prägende unvollendete Jakobskirche mit ihrem hohen, kurzen Langhaus und dem einen fertiggestellten Turm hat der Photograph ganz in die Bildmitte gerückt.

Der Schwarze See bei Markt Eisenstein ist seit mehr als einhundert Jahren ein beliebtes Ausflugsziel.
Am 24. April 1901 wurde diese Karte an ein „Wohlgeboren(es) Fräulein Minna Fehrer in der Přemyslgasse in Smichov-Prag“ gerichtet.
Im Südwesten des Sees erhebt sich der Hohe Böhmerwald als imposante Kulisse, die Wassertiefe von fast 40 Metern hat immer wieder Anlass für Legenden gegeben.
Einige Zeit bestand am Seeufer ein Restaurant mit Gästezimmern. Es ist abgebrannt wie zuvor bereits der 1899 errichtete Pavillon, den diese Postkarte zeigt.

Interieurszenen aus früher Lichtbildzeit sind vor allem aus dem bäuerlichen Milieu rar. Um 1925 könnte diese Stuben-Szene, die bei einer Dreschersuppe den Auftritt einer Habergoas zeigt, entstanden sein.

Von Cham bis Jandelsbrunn – Ortsbilder aus dem Bayerischen Wald

Die beliebten Ferienorte des Bayerischen Waldes gibt es in vielen verschiedenen Postkarten in großer Zahl. Manche „Nebenschauplätze" sind selten zu finden, Oberried bei Bodenmais zum Beispiel oder Jandelsbrunn. Lichtbildpostkarten konnten auch in kleiner Auflage hergestellt werden, manche, für Privatkunden geschaffene, gibt es nur in einem Exemplar.
Während bei einzelnen Anwesen die Bewohner mit ins Bild geholt wurden, sie sollten ja Käufer der Karte werden, sind die klassischen Ansichtskarten bevorzugt frei von Menschen.
Das angewandte Bildschema ist meist dasselbe. Aus mäßigem Abstand wird im Mittelgrund der Ort platziert. Dass die Kirche zentrierende Funktion erhält, ist gewollt, aber auch in vielen Fällen gar nicht anders zu machen. Die Kunst des Lichtbildners erweist sich darin, wie er den Kirchturm vor die Hintergrundlandschaft setzt, so, dass er keine störenden Überschneidungen erfährt. Dazu musste er mit seiner Kamera einen Hang ein bisschen mehr oder etwas weniger weit hinaufsteigen. Er umkreiste den Ort, bis sich eine gefällige Vedute bot. Er mied die Seiten, wo sich die Ränder der Ortschaft durch Gewerbeneubauten oder Arbeitersiedlungen aufzulösen begannen.
Um Tiefenwirkung zu erzielen, ist im Vordergrund ein Baum, eine Staffageperson oder ein markantes Gebäude mit ins Bild geholt. Wege, Straßen oder Flussläufe, die sich vom Vordergrund in die Bildtiefe erstrecken, sind Bildelemente, die zur Verknüpfung der drei Bildschichten hilfreich sind.
Man möchte meinen, die Grüße auf den Rückseiten der Karten müssten gelegentlich Hinweise auf das enthalten, was vorne

Kaum ein Photograph ließ es sich entgehen, die Siedlungen vor dem Fond des Waldgebirges ins Bild zu setzen. Oberried bei Drachselsried hat er von Westen her erfasst, die kleine Dorfkirche, das Feuerwehrhaus mit seinem Schlauchtürmchen und die eng gefügten Bauernhöfe im Bildmittelfeld platziert. Nach Süden zu ginge es hinunter zur Mühle und – ganz klar! – zum Dorf Unterried.

drauf zu sehen ist. Aber neben Aussagen zum Gesundheitszustand, zum Wetter und einem Dank für vorhergehende Post ist wenig Individuelles zu lesen. Da ist diese mit violettem Kopierstift flüchtig hingesetzte Nachricht über das konsumierte Bier bereits außergewöhnlich: „Bei vorzüglichem Passauer Löwenbräu gedenken im herrlichen bairischen Walde Dein u Deiner

Obernzell hieß einmal Hafnerzell, weil dort etliche Hafner angesiedelt waren, spezialisiert auf graphitierte Schmelztiegel. Unmittelbar an der Donau ist das Schloss Hauptgegenstand der Photographie. Einer Datierung kann man sich angesichts der Eisenbahnbrücke nähern, sie wurde 1912 fertiggestellt. Dahinter geht die Straße den Donauhang hinauf, die Richtung Untergriesbach führt, wo in den Dörfern Kropfmühl, Pfaffenreut, Leizesberg und Saxing Graphit abgebaut wurde.
Entstanden ist die Vedute von der Berghöhe des österreichischen Gegenufers.

Lieben". Vier Namen schließen sich an, von denen die Vornamen Armin, Marie, Else und Mizzi zu entziffern sind, außerdem zweimal der Nachname Marschall. Recto ist der Karte aus Bischofsreut unter dem Motiv mit demselben Stift aufgetragen: „19/VII 07 6h n m. Prost Blum!" Der Historiker muss anmerken, dass das Passauer Bier nicht vom in München ansässigen Löwenbräu, sondern von der Löwenbrauerei des Kommerzienrats Franz Stockbauer geliefert wurde.
Lichtbildpostkarten gaben zu ihrer Zeit Nachricht von einem fernen, meist mit Ferien verbundenen Hier und Jetzt. Wir betrachten sie heute als Bilddokumente einer vergangenen Zeit. Die Photographien zeigen uns Städte, Märkte und Dörfer vor der Auflösung ihrer Grenzen, mit einer historisch gegründeten Hierarchie der Fassaden- und Dachlandschaft, mit Straßen, die sich in das Gefüge der Häuser und das Relief der Landschaft eingliedern. Da und dort aber wird die neue Zeit schon sichtbar: Bahntrassen und breite, auf hohem Damm bildmächtig dahinziehende Straßen.
Alle Veduten zeigen die bäuerliche Flur noch kleinteilig vor den Flurbereinigungen, die Bäche sehen wir frei dahinfließen. Die aktuelle Tendenz, dass alle Fließgewässer, auch die Bahndämme und Straßenböschungen mit Bäumen und Sträuchern verwachsen wie das Gesicht eines Landstreichers, bemerken wir nur, wenn wir versuchen, in der Landschaft die Standpunkte aufzusuchen, von denen aus einmal Photographien angefertigt worden sind.

LAM mit Großen und Kleinen Arber, Bayr. Wald

Lam, bayr. Wald
Hauptplatz mit Kriegerdenkmal

Bayr. Ostmark, Bayr. Wald. Lam mit Hohenbogen (1072 m)

Wiedererkennbares, das Besondere – in Neudeutsch: Alleinstellungsmerkmale – komponierten die Postkartenphotographen zu einem gefälligen Motiv. Den seit inzwischen mehr als einhundert Jahren erfolgreichen Erholungsort Lam präsentieren sie uns mit Kirche, vor dem Großen und dem Kleinen Arber, vor dem Hohenbogen.
Im frühen Lichtbild vor 1914 war auch noch das Kriegerdenkmal, das an einen erfolgreichen Krieg erinnerte, bildwürdig. Später durften die Siedlungshäuschen in der Bayerischen Ostmark dem Traum vom Eigenheim dienen, nach 1945 dominierte erholungsversprechende Landschaft.

Die Pflege der Heimat setzt Wertbewusstsein voraus. Heimat ist gleich nach der Familie die Nachbarschaft und die Dorfgemeinschaft, nach der eigenen Wohnung das Dorf mit seinen Häusern, Wegen und Straßen, Werkstätten, Läden und Bauernhöfen. Das Dorf Rehberg ist heute eines der gepflegtesten im Bayerischen Wald, weil fast alle ihre Höfe und Häuser pflegen, weil allen Versuchen, die Dorfstraße zu „beschleunigen", die Eigenheime auf Weltläufigkeit zu trimmen, das Alte und Gewachsene „wegzuschieben" gemeinsam widerstanden wurde.

So wie die Familie Haugeneder, der Heisei-Hansl und die Heisei-Resi, ihr Haus und ihre Zugtiere in Ordnung gehalten haben, so haben es auch die anderen Rehberger getan. Der Bauer Johann Haugeneder, in Arbeitskleidung, selbstverständlich mit Hut, trug keine Stiefel. Er ging in Holzschuhen, wie auch sein Helfer Karl Neiß, der stolz zwischen den beiden Rössern steht. Wir sehen, die Pferde stehen gut im Futter, das Hoftor hängt nicht schief in den Angeln, an den Fenstern sind Vorhänge aufgezogen.

Karl Neiß bewohnte ein sogenanntes Nahrungshaus, das vis à vis der Dorfstraße zum Hof gehörte. Er hatte Fanny Haugeneder, eine Schwester des Bauern, geheiratet und half regelmäßig auf dem Hof mit, wenn Arbeit anstand.

Die Frau, die mit im Bild ist, haben wir lange für die Bäuerin gehalten. Inzwischen wissen wir: Es ist Josefine Weber aus Peißenberg. Ihr Mann Adolf, der dort im Bergwerk arbeitete, ist von Karl und Fanny Neiß aufgezogen worden. Seinen Jahresurlaub hat er stets genutzt, seine Zieheltern zu besuchen, und natürlich hatte er seine Frau mit dabei. Adolf Weber ist auch der Photograph, dem wir dieses Bilddokument verdanken.

Der erfahrene Architekt Michael Kurz hat die Kirche von Klingenbrunn geplant, die 1927 aus örtlichem Naturstein – mit einigen Backsteingliederungen – erbaut wurde. In der Ortschaft war lange Zeit eine Glashütte eingerichtet, seit Mitte des 19. Jahrhunderts brachten eine Brauerei samt Wirtshaus an der Straße von Grafenau nach Frauenau und Zwiesel, dann früh auch der Tourismus Erträge ins Dorf. Selten wird zu erwähnen versäumt, dass im Jahr 1876 Friedrich Nietzsche einen erholsamen Sommeraufenthalt im Gasthaus „Zum Ludwigstein“ genoss. Die Photographie ist datiert auf den 30. Juli 1933, und es ist auf der Rückseite vermerkt: „Grafenau–Zwiesel Mittagessen Klingenbrunn“.

Dieser Postkartenphotograph hat es verstanden, eine Stadt zu inszenieren, und er hat das Helldunkel, Grau und Weiß der Schwarzweiß-Lichtbildnerei beherrscht. Der Scherenschnitt eines im Vordergrund angeschnittenen Baumes greift mit seinen Blättern auf die graue Silhouette des Hohenbogens herab. Auf dem eigentümlichen Stadtturm, der nach dem Stadtbrand von 1863 errichtet wurde, und der westlichen Schildwand des hohen Langhauses der Stadtpfarrkirche liegt die Abendsonne. Der mächtige Grenzbahnhof der Stadt Furth im Wald ist natürlich mit ins Bild geholt.

Es sind fast immer die Türme der Kirchen, die das Bild einer Stadt prägen. Dies gilt auch für das alte Cham, das auf dieser Postkarte abgebildet ist. Im Vordergrund bildet die Doppelturmanlage der Chammünsterer Kirche Mariä Himmelfahrt die Spitze eines stehenden Dreiecks, dessen Schenkel Richtung Westen zur Stadtpfarrkirche Sankt Jakob, Richtung Nordwesten zur Klosterkirche Maria Hilf weisen.
Das breite Regental mit seinen Flusswiesen ist bis heute – abgesehen von der hier hindurch geführten Bundesstraße 20 – unverbaut.

Die breite Cham-Further Senke, durch die sich der Regenfluss windet, trennt den Oberpfälzer vom Bayerischen Wald, und sie führt hinüber ins Böhmische nach Pilsen. Im Vordergrund ist die 1861 eingerichtete Bahnstrecke angeschnitten. Aus Osten drängt der Regen an die Stadt Cham heran, deren historischen Kern er in einem Bogen umfließt. Die stadtnahen nördlichen Uferwiesen sind heute allesamt mit kommunalen Einrichtungen und Gewerbebauten belegt, während die südlichen frei geblieben sind.

Wenn wir doch wüssten, wo dieses Lichtbild aufgenommen wurde! Standen die zwei aus Naturstein gemauerten Bauernhäuser in einem der vielen Dobel, die sich von den Höhen des Unteren Bayerischen Waldes zum Donautal hinunterziehen, vielleicht im Tal der Erlau oder der Ranna? Andere Photos, aus deren Konvolut dieses Bild stammt, zeigen den Kirchenbau in Wildenranna. Wir sind in den Jahren 1905 bis 1907.

Das Glasmacherdorf Ludwigsthal ist eine planmäßige Gründung: Glashütte, Glasarbeiterdorf und Herrenhaus wurden ab 1826 von dem böhmischen Glashüttenmeister Georg Christoph Abele erbaut und nach König Ludwig von Bayern benannt. In der wechselvollen Unternehmensgeschichte wurde in Ludwigsthal zunächst Spiegelglas, später Hohlglas hergestellt. Jetzt ist eine Kristallglashütte in Betrieb. Auf dieser Photographie sind Glasmacherhäuser, eines davon bereits aufgestockt und mit umgerüstetem Dach, und der Turm der 1893/94 erbauten Kirche zu sehen. Baumeister der neuromanischen Herz-Jesu-Kirche ist Johann Baptist Schott. Die reiche Ausstattung mit zeitgemäßer Malerei hat der Münchner Künstlers Franz Xaver Hofstötter geschaffen.

Gewiss ist es gut, dass die Straße zwischen den Bürger-, Geschäfts- und Wirtshäusern heutzutage versiegelt ist. Aber welcher Geist hat die Menschen bewegt, parterre die Fassaden aufzureißen – nur um dann die zu groß geratenen Gläser mit Folien wieder zu verkleben. Die Lamellenläden vor den Fenstern der Obergeschosse haben die Sommerhitze aus den Wohnräumen abgehalten. Und welch lebendiges Straßenbild haben sie zusammen mit den zahlreichen Spalierobstbäumen erschaffen, wenn die unteren Teile der Läden ausgestellt waren, sodass, gut beschattet, ein freier Blick auf die Gred und die Stufen vor dem Haus geworfen werden konnte.
Hinter der „Colonial-Farben-Tuch&Schnittwarenhandlung" der Fanny Bauer ragt der Glockenturm der 1851 erbauten Veitskirche auf. Die gedoppelten Schallfenster und der Helm wurden beim jüngsten Neubau des Kirchenschiffs 1972 verändert.

1906 ist diese Postkarte abgestempelt, die „ihr ergebenster Wagner" gemeinsam mit seiner frisch angetrauten Wally Wagner an den Gendarmerie-Sergeanten Georg Rauch in Geisenhausen gesandt hat.

Der Blick die Hauzenberger Marktstraße hinab – wohl um 1935 aufgenommen – zeigt die zentrumsnahe Straße bereits mit Granitpflaster belegt. Ob das eng mit Porzellanisolatoren besetzte Gestell über den Dächern für Strom- oder wohl eher für Telegraphenleitungen diente, mag jemand von Fach darlegen. Wir erfreuen uns an dem Bild einer gepflegten Beschaulichkeit, das die zwei abgestellten schweren Fuhrwägen nicht trüben können.

Das elegante Auto im Vordergrund des Bildes ist keineswegs ein Vorkriegsmodell. Es ist ein Opel Olympia, sein Kennzeichen mit weißer Schrift auf schwarzem Grund gibt den Zeitrahmen vor: 1948 bis 1956 wurden Schilder dieser Art in der amerikanischen Besatzungszone ausgegeben.
Das Modell mit den prägnanten hinteren Kotflügeln und dem schmalen Heckfenster wurde ab 1950 gebaut. Die Limousine, das florierende Granitwerk und die Siedlungstätigkeit am Rand des wachsenden Marktes Hauzenberg zeugen von der erstaunlich schnell wieder erstarkenden Wirtschaft der Bundesrepublik.

Jandelsbrunn zählt zu den „künischen" Dörfern, die Mitte des 15. Jahrhunderts gegründet wurden, um den Saum des Nordwaldes für die Landwirtschaft zu erschließen. Sehr früh entstand dort auch eine Brauerei, die auf der Lichtbildpostkarte, die vom nahen Wallfahrtsort Wollaberg herab aufgenommen wurde, inmitten der Ortschaft zu erkennen ist. Diese Brauerei hat bis heute Bestand. Lange Zeit waren die künischen Dörfer an die Habsburger verpachtet. Sie bildeten dadurch ein Stück weit einen Korridor von Österreich-Ungarn nach Bayern und begünstigten so den Trieb der großen ungarischen Ochsenherden zu den städtischen Märkten im Westen Europas. Diese Herden konnten keinesfalls im teils engen Donautal, schon gar nicht aber in den Getreideregionen südlich der Donau getrieben werden. Sie waren auf Zwischenweiden und Heu angewiesen. Im Waldland nördlich der Donau fanden sie beides, der Name „Ungarsteig" hat sich manchenorts für diesen Streckenverlauf erhalten.

Gruss aus Bischofsreut, bair. Wald.

Viele der Bauernhäuser von Bischofsreut, nahe der böhmischen Grenze, hatten um die Jahrhundertwende (die Karte wurde am 19. Juli 1907 versandt) noch die Dächer mit Schindeln eingedeckt. Ein mächtiges Schopfwalmdach erhebt sich neben einem klassischen flachen Legschindeldach, Kirche und Pfarrhaus hatten bereits Ziegeldeckung. Manches Dach ist ein Flickenteppich von verschiedenem Material. Neben dem Kamin ist auf der Dachfläche eine Leiter befestigt. Der Kaminkehrer verlangte das zu seiner Sicherheit, er achtete auch darauf, dass diese Leiter in gutem Zustand gehalten wurde.

Kloster und zugehörige Hofmark prägten den Ort über Jahrhunderte, eine Glashütte gab ihm Wirtschaftskraft. Paulinermönche und Augustiner Chorherren hatten zuerst versucht, das am Ort einer Quelle gestiftete Kloster zu betreiben, aber erst die Benediktiner aus Niederalteich erwiesen sich dazu in der Lage. Mit der Säkularisation wurde das Kloster aufgelöst. Lange Zeit war Sankt Oswald bedeutsam als Station auf der „Gulden Straß", die seit 1590 von Vilshofen aus nach Böhmen führte. Bei der weißblau gestrichenen bayerischen Grenzsäule am „Böhmweg" gelangte man über die Grenze.

Im Hintergrund des Bildes ist die Streifenflur Hohenaus zu erkennen, die bis heute erhalten geblieben ist.

Bad Hals hieß der eng in eine Ilzschleife gebaute Ort für wenige Jahrzehnte. 1810 wurde dort eine private Kur- und Wasserheilanstalt errichtet, die aber im Verlauf des Ersten Weltkriegs bereits aufgelöst wurde. Überhaupt ist der kleine Markt bei Passau, der einige Zeit sogar Stadtrecht genoss, ein Beispiel immerwährenden Niedergangs. Unter den Grafen von Hals, die am Unterlauf der Ilz die Holztrift und die anschließende Flößerei kontrollierten, erlangte der Markt mit seiner Höhenburg eine gewisse Bedeutung. Mit dem Niedergang des Geschlechts beschränkte sich die politische Bedeutung des Orts darauf, dass er eine Enklave inmitten des Hochstifts des Passauer Fürstbischofs war. Die Burg verfiel, sie wurde in ihrer Landschaftsprägung abgelöst durch einen sogenannten städtebaulichen Akzent, eine Hochhaussiedlung minderer Gestaltung am weithin sichtbaren Westhang über der Ilz. 1810 brannte der ganze Ort samt Kirche ab, 1945 wurde er durch Beschuss erneut stark geschädigt. Die spätmittelalterliche Wallfahrtskirche Sankt Achatius, eng umgeben vom Friedhof der Halser Bürger, blieb stets verschont. Rechts davon schloss die Ilzlände an, die bis 1926 großflächig vom Holzhandel Salomon Forchheimers genutzt war. Links der Brücke, also am rechten Ilzufer, wurde zu Zeiten des Kurbetriebs ein Stückchen Promenade, die heute noch erhaltene Esplanade am Pustetweg angelegt. Kaum einhundert Meter hinter der Kirche berührt die Ilz den Markt schon ein erstes Mal, bevor sie in einer weiten Schleife den Burgberg umfließt.

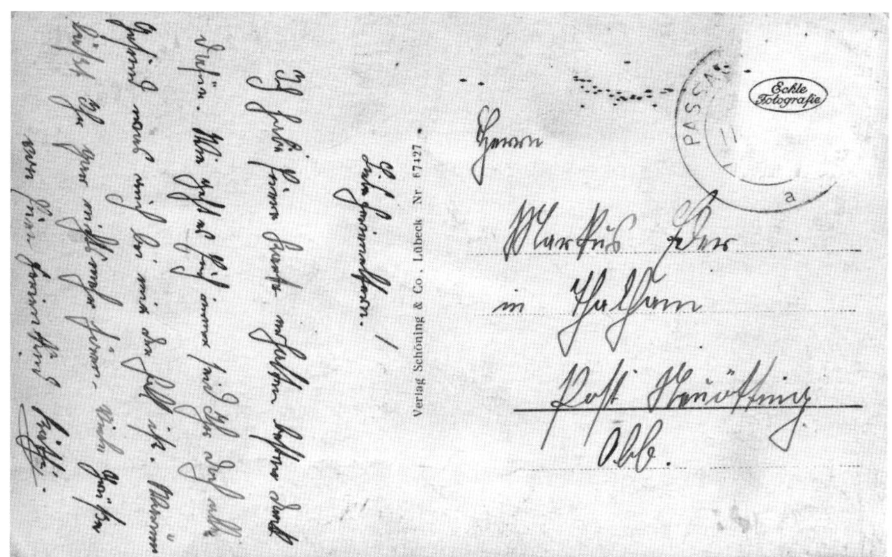

Hoam! – Erinnern an die alten Ortschaften im Böhmerwald

Heimat ist, wo ich sein darf. Vertreibung ist, wenn ich weg muss. Die Menschen, die 1946 den Böhmerwald verlassen mussten, haben dort ihre Heimat gehabt. Sie sind dort geboren, sie gingen dort zur Schule und in die Kirche. Dort haben sie ihr Eigentum, ihre Wohnung, ihre Arbeit gehabt und Gemeinschaft erlebt. Zu dieser Zeit mussten viele Deutsche und Deutschstämmige aus ihrer Heimat in Schlesien, Ostpreußen, Egerland, Böhmen und anderen Landstrichen weggehen. Die einen flohen, andere wurden vertrieben, viele verloren ihr Leben. Vertreibung hat viele Gesichter. Gern beruft sie sich auf Gesetze und kleidet sich in Amtshandlungen. Vertrieben wird auch mit roher Gewalt, begleitet von Raub, Mord, Schändung. Vertreibung geschieht nicht, sie wird gemacht, von Menschen, die dies tun wollen. Wir kennen auch stille Vertreibung durch Ausgrenzung, üble Nachrede, Verweigerung des Grundrechtes auf Arbeit, Unterlassen von Hilfe. Vertrieben wird immer unter den Augen von Nachbarn, vertrieben wird der Fremde, der Andere. Die Vertreibung der Deutschen nach der Zeit des Nationalsozialismus und des Zweiten Weltkriegs ist nicht recht zu verstehen ohne ihr geschichtliches Vorher: Deutsche haben Polen, Weißrussen und Tschechen von Haus und Hof verjagt, sie haben Juden, gläubige Christen, Sinti und Roma, Sozialdemokraten, Wissenschaftler und Künstler vertrieben, enteignet und ermordet. In Böhmen, Polen, Frankreich und der Ukraine haben Deutsche ganze Dörfer liquidiert und niedergebrannt.

Manche Menschen wollen Vertreibungen der einen gegen die der anderen aufrechnen. Aber Vertreibung ist immer Verbrechen, sie ist Zwillingsbruder des Völkermords. Vertreibung ist zeitlos und weltweit: Armenier und Karelier, Bosnien und Kosovo, Israel/Palästina und Darfur, Kleinbauern in China und in Südamerika. Ihre Gegenwart ist Leid, ihre Zukunft ist Erinnerung, ihr Schicksal ist Vergessen. Dieses Vergessen zu verhindern und Baudenkmäler, Dingzeugnisse, Photographien und andere Bildquellen zu bewahren, arbeiten inzwischen deutsche Vertriebenenverbände, tschechische Behörden, Kulturvereine und Museen intensiv zusammen. Im Erinnern an vergangene Zeit und verlorene Kultur sind die Menschen diesseits und jenseits der böhmischen Grenze in ihrer Wehmut eins.

Prägend für das Landschaftsbild im Böhmerwald war ein Haustyp, der allein dort und im bayerischen Teil des Hohen Böhmerwaldes vorzufinden war, das sogenannte Böhmerwaldhaus. In einigen Relikten existiert es noch auf tschechischem Boden, das sorgfältig restaurierte Pĕnek-Anwesen in Deutsch-Chaluppen (Chalupy) bei Stachau ist das bedeutendste. Das Schanzer-Häusl, das aus Riedelsbach bei Neureichenau ins Freilichtmuseum Finsterau übertragen wurde, ist auf bayerischer Seite das letzte gänzlich unverbaute.

Als würden sie sich ducken unter den Streichen des Böhmwindes und den Schneelasten, so sehen die alten Häuser des Böhmerwaldes mit ihren steilen Dächern aus. Ganz typisch ist der Schopfwalm an den Giebelseiten. Auf alten Lichtbildern finden wir solche Häuser in Ortschaften von Tusset und Kuschwarda bis Außergefild und darüber hinaus bis Markt Eisenstein, aber auch auf der bayerischen Seite vom genannten Riedelsbach bis

Die Photographie zeigt eine Außergefilder Familie in guten Tagen vor Nationalsozialismus, Krieg und Vertreibung.

Sankt Oswald und weiter in die Landkreise Regen und Cham. Unter den Walm ist eine Laube eingebaut. Sie bietet Schutz vor Regen und Schnee. Wohnung und Stall sind wie beim Waldlerhaus unter einem Dach vereint. Mitte des Lebens ist die Stube, die sich an zwei Seiten mit Fenstern nach der Sonne hin öffnet. Das regional eng begrenzte Vorkommen dieses Haustyps und seine eindeutige Gestalt haben ihm den Namen Böhmerwaldhaus eingebracht. Wenn große stattliche Bauernhäuser und kleine Schaluppen, Holzhauer- und Kleinbauernanwesen, freistehende Bauten und in engem Verband errichtete Häuser der Glashüttenarbeiter verwandte Gestalt und Gliederung besitzen, dann spricht man bei der so geprägten Region von einer Hauslandschaft. Das aus Nadelholz in Blockbauweise errichtete Schopfwalmhaus, dem sich aus Naturstein aufgemauerte Bauteile eingliedern, ist ein solcher regional klar umrissener Haustyp.

In der fernen Erinnerung war nur Wohlstand, zumindest ein Auskommen in den böhmischen Häusern daheim. Tatsächlich herrschte aber hinter vielen Fenstern Armut. Die Konflikte der Böhmen, gleich welchen Volksstamms, mit der habsburgischen Herrschaft bis 1918, der sich verschärfende Streit der deutschstämmigen und der tschechischen Bürger, die Einschränkung der Gewerbewanderung durch die Nachbarländer, auch durch Bayern, erschwerten den Grundbesitzarmen die Existenz.

Immer wieder wurde dieses Böhmerwaldhaus in Markt Eisenstein auf Postkarten abgebildet. Die Stube öffnete sich mit zwei Fenstern und über Eck zwei weiteren Fenstern zur Straße hin. Die Kammer hatte nur ein Fenster nach jeder Seite. An der Giebelseite war unter dem Schopfwalm eine weitere Kammer eingebaut. Eisenstein war voller Leben, wenn an den Markttagen die Bauern der umliegenden Dörfer mit ihren Familien zum Einkauf und zum Wirtshausgang und bei Bedarf auch zu Amtserledigungen kamen.
Der Krummauer Photograph Josef Wolf (1864–1938) hat diese Aufnahme um 1925 publiziert.

Zudem wurde die Glas-, Holz- und Papierindustrie durch die Weltwirtschaftskrise stark getroffen, Abwanderung und Auswanderung haben die Einwohnerzahl vieler Gemeinden deutlich schwinden lassen.
Viel besaßen sie nicht, die Kleinbauern, die Arbeiter und die Tagelöhner. In den kargen Stuben war schon ein Hinterglasbild oder eine einzelne Porzellantasse Luxus. Die Vertreibung entriss den Menschen schließlich auch noch ihr weniges Hab und Gut. Nur lebensnotwendige Dinge durften mitgenommen werden. Das von einem Verehrer oder einer Patin geschenkte „böhmische Haferl“ wurde als Schatz gehütet, und kaum eine Frau ließ es 1946 beim Abschied von Haus und Hof zurück. Seine gern gewählte Aufschrift „zum Andenken“ wurde zum Menetekel.

Der Waldreichtum des Böhmerwaldes war in den hohen Lagen lange nicht nutzbar. Als aber im 19. Jahrhundert die Städte und die florierende Industrie Böhmens rapide wachsenden Brenn- und Prozessholzbedarf hatten, erschlossen die großen Waldbesitzer, wie die Fürsten Schwarzenberg, den Reichtum ihrer Wälder durch Schwemmkanäle. Bauholz aber musste weiterhin mit Fuhrwerken transportiert werden. Auch wenn Bahnverbindungen bis Eisenstein und Wallern vordrangen, blieb für Fuhrleute genug zu tun. Der Ausbau der Straßen, etwa von Rehberg nach Mader, förderte dieses Gewerbe. Die Holzwirtschaft brachte den zahlreichen Fuhrunternehmen, die das geschlagene Holz mit ihren Pferde- oder Ochsengespannen zu den Sägewerken oder an die Bahnverladestationen lieferten, gute Einkünfte.

Erinnerung macht sich an prägenden Bauten und Orten fest. Ein Spaziergang zum Schillerfelsen am nördlichen Rand der Stadt Prachatitz war Teil des bürgerlichen Freizeitverhaltens. Jeder Kurgast in Margarethenbad, das sich in dunstiger Ferne am Fuß des Libin abzeichnet, musste wenigstens einmal dort gewesen sein. Von diesem erhöhten Ort aus zeichnet sich die eigentümliche Silhouette der Pfarrkirche am prägnantesten ab. Der gemauerte Bildstock auf der Anhöhe gibt dem Ort christliche, ein Schiller-Bildnis an einem der Quarzfelsen profane Weihe, das Staats-Realgymnasium von 1897, das zwischen Kirche und Bildstock aus der Ferne hervorblickt, verspricht Zukunft.

Viel Holz wurde bereits im Böhmerwald, wo auch Wasserkraft reich zur Verfügung steht, veredelt und verarbeitet. In Franzensthal bei Außergefild stand eine Papierfabrik, kleine Rundholz- und Bürstenholzfabriken wurden gegründet, Sägewerke gab es in großer Zahl für den lokalen Bedarf, aber auch für den weiträumigen Holzhandel. Die Glasfabriken benötigten Holz in rauen Mengen, Zündholzfabriken gab es mehrere.

In der auf 1.050 m Höhe gelegenen Ortschaft Außergefild spezialisierte sich das Sägewerk Strunz auf die Fertigung von Resonanzholz. In den Hochlagen standen schlanke, in dichten Beständen astfrei mit engen, regelmäßigen Jahresringen gewachsene Fichten, die sich für die Fertigung von Holzinstrumenten hervorragend eignen. Die Außergefilder Holzwerke Strunz belieferten in ihren besten Zeiten ganz Europa und auch Übersee. Sichere Auswahl der Stämme, Lagern, Sägen und Hobeln, erneutes Lagern und sorgfältiges Packen erbringen wertvolle Decken für Streich- und Zupfinstrumente, außerdem Resonanzböden, Rippen und Klaviaturzuschnitte für Klaviere und Flügel. Das wertvolle Holz der Hochlagen nutzten auch andere Holzwerke, Franz Bienert zum Beispiel, der in Tusset und in Mader Resonanzholzfabriken mit vielen Beschäftigten betrieb.

Handwerker, mittelständische Industriebetriebe, Ämter und Kaufhäuser, weiterführende Schulen, Klöster und Handelsunternehmen konzentrierten sich natürlich in den Märkten und Städten, von Prachatitz über Winterberg, Bergreichenstein, Schüttenhofen und Klattau bis Markt Eisenstein und Taus.

Markt Eisenstein war früh schon ein Ziel der Wander- und der Skitouristen. So ist es nicht verwunderlich, dass es auch von diesem Ort eine Lichtbildpostkarte des Krummauer Photographen Josef Seidel gibt. Auch ohne Bildaufschrift wäre Eisenstein an seiner typischen Kirche mit der gedrungenen Zwiebelhaube erkennbar.

Um 1930 hat der Dresdener Steindrucker und Berufsphotograph Max Nowak Pauline Wirrer und ihren Sohn Karl in ihrer Bauernstube in Dorfeisenstein abgelichtet. Der „Bucherhof", zu dem eine kleine Landwirtschaft gehörte, wurde 1946 nach der Vertreibung der Eigentümer geschleift. Josef Wirrer, der nicht mit im Bild ist, hat stets zwei Zugochsen abgerichtet und gehalten. Er hat sie für Fuhrdienste eingesetzt, unter anderem zu schweren Holzfuhren für größere Bauern der Gegend. Er war gelernter Zimmerer, der sich auch aufs Wagnern und andere Holzbitzeleien verstand.
Der Autor hatte dieses Bild früher im nicht weit von Dorfeisenstein entfernten Eisenstraß lokalisiert, dem in Neukirchen beim Hl. Blut wohnenden Enkel Josef Wirrers ist der Hinweis auf den richtigen Ort und die Familie zu verdanken.

Irgendwo im Böhmerwald sind diese beiden Aufnahmen einer verputzten Bauernstube entstanden. Herdwinkel und Tischwinkel liegen einander gegenüber. Der nach seiner Gestalt so genannte Sesselofen hat rechts eine Herdplatte, unter der die Feuerung liegt.
Im Kachelaufsatz, dessen Wärmeabstrahlung der ganzen Stube diente, ist unten eine Backröhre, oben eine Wärmenische eingebaut. Ein Rauchrohr aus Stahlblech hat die Rauchgase vom Aufsatz in den Kamin abgeleitet. Unter der Mauerbank, die hinter dem Ofen erkennbar ist, befindet sich das Gewölbe des Backofens.
Dieser Ofenwinkel war ein beliebter Platz für die Kinder, im Winter auch bevorzugte Schlafstatt, weil das Gewölbe meist noch die Wärme vom Brotbacken gespeichert hatte.

Der Tischwinkel mit der an den Wänden umlaufenden Bank war Ort des gemeinsamen Essens, der – bescheidenen – bäuerlichen Buchhaltung, der weiblichen Handarbeit, der Schularbeiten der Kinder und gelegentlich des Spiels und der Unterhaltung. Damit über all den häuslichen Dingen der Segen Gottes ruhte, waren dort ein Kreuz und Bilder von Maria und Jesus oder sonst beliebter Heiliger an die Wände gehängt. Herrgottswinkel war der bei den Menschen gebräuchliche Name für diesen Platz in der Stube. Die Bank ruht auf einer breiten Sockelmauer, wo auch die Wände des gesamten Blockbaus aufliegen.

Auf den Bauernhöfen und Gütern des Budweiser (Česke Budějovice) und des Wittingauer (Třeboň) Beckens wurden in großer Zahl Gänse gezüchtet und gemästet, die im Herbst in Herden auf die Märkte der Städte und bis über die Grenzen nach Bayern und Österreich getrieben wurden. Für die Nächte suchten die Gänsehändler gegen Entgelt geschlossene Höfe als Quartier auf, damit nicht Füchse die Tiere dezimierten. Über viele Jahre pflegten die Händler Kontakte, die ihnen auf der Wanderschaft Sicherheit gaben. Den Rückweg ohne die Tiere nutzten sie für den Handel mit Stoffen und Bändern, Hinterglasbildern und dergleichen. Dass sie dabei auch Saccharin schmuggelten, dürfen wir annehmen.

Außergefild im Hohen Böhmerwald zählt mit 1070 m zu den höchstgelegenen Orten. Am Goldenen Steig hatte es eine wichtige Funktion als Unterkunftsort für die Nacht, zum Einstellen und Versorgen der Saumtiere, für Reparaturen an den Sätteln, später auch an Wägen und Fuhrschlitten. Mit Holz- und Papierindustrie, außerdem von den Bächen getriebenen Eisenhämmern hatte Außergefild eine sichere wirtschaftliche Basis. Einige Jahrzehnte betrieb dort die zugewanderte Familie Verderber eine bedeutende Hinterglasbildproduktion.

Die hohe Qualität des engringigen Nadelholzes im Hohen Böhmerwald machte sich die Familie Strunz zu Nutze. 1820 gründete Peter Strunz seine Holzfabrik in Außergefild. Anfangs produzierte eine einfache Brettsäge Holzwaren aller Art. Der Sohn Josef Strunz spezialisierte sich auf die Herstellung von Resonanzhölzern. Die Produktpalette enthielt etwa Tonhölzer für Klavier sowie für Zupf- und Streichinstrumente. Er vergrößerte den Betrieb und zahlreiche Familien im Ort fanden bei ihm Arbeit. 1946 wurden die Eigentümer vertrieben. Das Werk in Außergefild ist längst stillgelegt, der im niederbayerischen Pocking von der Familie Strunz neu gegründete Betrieb besteht noch heute.

Die Uhr am Kirchturm zeigt halb Zwölf. Es ist wohl früher Herbst, denn die Gänse haben fast Schlachtreife erlangt, die Vorräte an Brennholz für den Winter sind reichlich.
Dem Weiher und den Gänsen dürfen wir es wohl verdanken, dass uns der Photograph einen Blick auf die vom Dorfplatz abgewandte Seite der Höfe gewährt. Wir sehen durchwegs bäuerliche Anwesen geringerer Größe in diesem Dorf bei Taus (Domažlice). Die Dächer sind nur teils mit Ziegeln eingedeckt, ansonsten haben sie Scharschindel oder Brettchen. Einige Häuser sind gemauert, aber das Haus in der Bildmitte, in dessen offenem Fenster eine Frau zu erkennen ist, wurde noch in alter Bautradition aus Rundbalken aufgerichtet.

So sah die Stube eines Häuslers und eines Kleinbauern aus. Die Fugen in der aus Rundholz gefügten Decke sind mit Lehm verschmiert und gekalkt. Tisch, Bett, Kleider- und Vorratstruhen stehen allesamt in dem kleinen Raum. Teller und Tassen sind an und auf einem Schüsselrehm aufbewahrt.

Die alte Salzhandelsstadt Winterberg prosperierte durch Industrie, die sich wegen des nahen Holzreichtums, der reich verfügbaren Wasserenergie und den allgemein in Böhmen bei beiden Volksstämmen gut entwickelten technischen Fertigkeiten entwickeln konnte. Glas- und Holzindustrie, außerdem Maschinenbaubetriebe waren angesiedelt. Papierindustrie versorgte Druckereien, darunter die Gebetbuchdruckerei Johann Steinbrener als die bekannteste. Wie in Stachau, war auch in Winterberg das alltägliche Nebeneinander von Tschechen und Deutschen Grundlage des Erfolgs im Handel zwischen Bayern und Böhmen.
Das Schloss auf einem Bergsporn über dem Fluss Wolinka/Voliyňka und der hohe Turm der Kirche Mariä-Heimsuchung prägen das Ortsbild. Auf den 3.4.1944 ist die Postkarte datiert.

Am 7.7.57 schrieb Boženа Šindlerová diese Postkarte aus Stachy nach Prag an ein Fräulein Seidlová. Die Ortschaft Stachau im Böhmerwald war, weil sie vom böhmischen Becken her gut erschlossen war, gleichermaßen von Tschechisch- wie Deutschstämmigen bewohnt, viele Stachaken beherrschten beide Sprachen, so dass sie in Wien genausogut wie in Prag und Brünn als Maurer, Zimmerer, Dienstmädel und Köchinnen ihr Geld verdienen konnten. Als die Nationalitätenkonflikte zunahmen und die Wandermöglichkeiten mit Auflösung des Habsburgerreichs 1918 eingeschränkt wurden, verlor Stachau viele Bürger durch Abwanderung. Die Vertreibung der Deutschen 1946 schwächte den Ort noch ein weiteres Mal.

Ein Böhmerwaldort von ganz eigenem Charakter ist Wallern (Volary). Vom Salzsäumen und von der Landwirtschaft lebten viele der Einwohner. Im weiten Umfeld des Böhmerwaldhaustyps findet sich hier eine Enklave des Waldlerhauses mit dem flachen Pfettendach. „Besonders dicht gedrängt und sich gegenseitig geradezu behindernd, standen die kleinen, altertümlichen Holzhäuser im Ortsteil ‚Am Weiger'. Hier lebten noch im 18. Jahrhundert die letzten Säumer, die sich nur mehr ein Pferd, selten zwei, halten konnten", schreibt Paul Praxl im Buch „Bauernhäuser in Südböhmen – Jihočeská lidová architektura" (1992) zu dieser Lichtbildpostkarte von Josef Seidel. Paul Praxl, dem der Autor zahlreiche Korrekturen und Hinweise verdankt, erinnert auch: „Die Wallerer Häuser mit flachgeneigten Dächern

hatten keine Schindeldeckung, sondern waren mit großen Legbrettern belegt. Mit solchen ist sogar die Frontseite des rechten Hauses im Bild verschalt, während das linke Haus Scharschindel zeigt" (Brief vom 18.11.2008).

1966 stand die alte Mühle bei Wallern leer und verfiel. Wenn auch die Holzindustrie Wallerns weiter bestand, Soldaten zur Zeit des Kommunismus zudem etwas Kaufkraft in den Ort brachten, verkraftete der Ort den Verlust der deutschen Bevölkerung nur schwer. Von den Holzhäusern sind nur noch wenige erhalten.

Der Markt Kuschwarda (Strážný) liegt an der für den Bayern-Böhmen-Handel bedeutsamen Straße, die aus Philippsreut kommend nach Winterberg und Prag weiterführt. In der auf dieser Postkarte von etwa 1905 abgebildeten Partie war die Straße an beiden Seiten eng mit Böhmerwaldhäusern bestanden. Am 5. Juni 1922 brannten die Häuser bei einem Großbrand nieder.

Mittelalter und Renaissance prägten die alte Salzhandelsstadt Prachatitz, wo ein Zweig des aus Passau kommenden Goldenen Steigs endete. Die sogenannte Literatenschule mit ihren Dekorzinnen und der in Sgraffito-Technik aufgetragenen Bossierung war Ziel jedes Bildungsreisenden. Die Lichtbildpostkarte des Krummauer Verlags Seidel wird auf 1927 datiert.

Mit 28.7.42 ist die Lichtbildpostkarte der Böhmerwaldortschaft Kalsching (Chvalsiny) gestempelt. Dass sich die Ortschaft entlang einer Hauptstraße erstreckt, ist gut erkennbar. Diese Straße weitet sich im Zentrum zu einem langgezogenen Marktplatz. Die spätgotische Magdalenen-Kirche mit ihrem schlanken Turm markiert diese Mitte bereits für den Blick aus weiter Ferne. In Kalsching wurde der Landvermesser und Schwemmdirektor Josef Rosenauer (1735–1804) geboren, der als Erbauer der Schwarzenbergischen Schwemmkanäle Nachruhm erlangte.

Kirchschlag im südöstlichen Böhmerwald, das heute den Namen Světlik trägt, verlor 1946 nicht allein den größten Teil seiner Bevölkerung, sondern auch einige zur Gemeinde zählende Orte, die komplett abgesiedelt wurden. Die Pfarre gehörte jahrhundertelang zum Stift Schlägl. Der letzte Schlägler Pfarrer wurde am 31. Jänner 1946 aus der Tschechoslowakei ausgewiesen.

Von den Menschen – Alltag und Feiertag

Wir berichten von den Dingen, den Ereignissen, wir analysieren Bräuche, erläutern Werkprozesse. Wir sammeln Daten über Kirchenbauten, Umzüge, Kriegs- und Witterungsereignisse, wir preisen Innovationen in Wort und Bild. Kurioses mischen wir mit Spektakulärem, Alltägliches mit Besonderem. Den Fokus auf einzelne Menschen zu richten – und zwar unabhängig von Ereignissen und dinglich Hinterlassenem – versäumt der Historiker häufig. Mag sein, dass dies Auftrag der belletristischen Literatur ist. Weil wir uns aber in diesem Buch erlauben, frei von den großen lokal- oder regionalgeschichtlichen Zusammenhängen, abgerückt von sachvolkskundlich übergreifenden Betrachtungen photographische Bildbelege Regie führen zu lassen, sei auch zugestanden, an einigen wenigen Beispielen die Erinnerung an Menschen aufscheinen zu lassen, die niemals bedeutsam waren, aber dennoch erinnerungswürdig sind, weil sie in ihrer unverwechselbaren Eigenheit ganz für sich, aber auch für viele wesensmäßig Verwandte stehen.

Am Individuum einer jüngst vergangenen Zeit wollen wir anregen zu einer Wahrnehmung der Individuen, die neben und mit uns in dieser Zeit leben und einer gütigen Betrachtung wert wären.

Es gibt doch keine Originale mehr, wird gern beklagt. Doch es gibt sie, und es wird sie immer geben. Wir müssen nur bereit sein, sie wahrzunehmen, zu erleben und in ihrer Originalität anzunehmen. Josef Dirndorfer aus Finsterau zum Beispiel, der im Jahr 2000 hoch betagt gestorben ist. Was wäre ihm nicht alles vorzuwerfen, wenn man nur wollte, das massive Schnapstrinken etwa. Aber wir haben ihn in Erinnerung als begnadeten Erzähler. Er hat Geschichten erzählt vom Schmuggeln über die bayerisch-böhmische Grenze, dem „Schwirzen", die so tragischheiter, so pointiert, so unglaublich waren, dass jeder nüchtern Denkende sich sagen musste: Da ist doch mindestens die Hälfte gelogen! Wer dem Josef Dirndorfer dies vorwerfen wollte, der täuscht sich aber über die Gesetze des Erzählens. Denn Erzählen ist kein Akt der Buchhaltung, an dessen Ende redlich aufsummierte Kolonnen zu stehen haben, Erzählen erfährt seine Rechtfertigung im Zuhören. Und zuhören konnte man Dirndorfer. Geh, lüg mich noch einmal an!, möchte man sagen, es war so schön erzählt.

Den um 1930 Geborenen ist durch NS-Herrschaft und Krieg Kindheit und Jugend geschmälert, wenn nicht geraubt worden. Aber – und dies ist ein Privileg der nicht Erwachsenen – sie fanden auch Chancen, Nischen, unbeschwerte Begeisterung an Vorbildern, die ruhigere und ethisch gefestigte Zeiten nicht zu bieten haben. Die Kinder anderer Generationen spielten Marinesoldat, Räuber und Schandi oder Cowboy und Indianer. Den Kindern des Dritten Reichs boten Hitler-Jugend, Motor- und Reiter-HJ, Bund Deutscher Mädchen und dergleichen unter dem Ziel der Wehrertüchtigung Erlebnis, Unterhaltung und Erfahrung. Dass dabei vielfach die moralische Entwicklung, die Bildung einer reifen und integren Weltanschauung unterblieb, das zeigte sich noch Jahrzehnte nach der Niederschlagung des Nationalsozialismus. Seine Perversionen lebten teils offen, teils verborgen in vielen Menschen fort, begegneten einem in Amtsstuben und Richterroben, bei Lehrern und Arbeitskollegen, in Politik und Kirche.

Glücklich Anneliese Lagerbauer, die mit zwölf Jahren einen unbeschwerten Sommer zwischen aufgelassenen Speditions-

Auf der Bank im Herrgottswinkel seiner Stube, vor dem Haus auf einem Stuhl, Kundschaft erwartend für seine Tankstelle, oder im Wirtshaus hat Josef Dirndorfer aus Finsterau seinen Erzählfaden gesponnen: Anekdoten vom Besuch des Regierungspräsidenten, Geschichten von verhängnisvollen Missverständnissen beim Hinüber- und Herübertreiben von Ochsen, die sich über die Grenze verlaufen hatten, von gewiss verbürgten geplanten aber gescheiterten Ehebrüchen, von erlauschten Beichtgeheimnissen der alten Kramerin oder Bäckerin oder Naderin (Näherin).

hallen und stillgelegten Werkstätten verbrachte, frei von Schule, die erst im Herbst 1945 wieder einsetzte, und bissiger Jungmädelscharführerin. Sie hatte keine unmittelbaren Verwandten verloren, ihre eigene Gewalterfahrung hatte im Raub ihrer Ziehharmonika durch einen amerikanischen Soldaten gegipfelt. Vor dem Hintergrund vielfachen Todes gleichaltriger Mädchen im Bombenkrieg, auf der Flucht und in den Konzentrationslagern, Schändung und Verwaisung anderer ein glückliches Schicksal. Ihr Vater Josef Lagerbauer war Postomnibuschauffeur – und leidenschaftlicher Musiker, beliebt in jeder Gesellschaft. Als „politisch unzuverlässig“ war er in den polizeilichen Akten vermerkt. „Josef, pass fei auf, mir ham di unter Beobachtung“, hat ihn ein Musikerkollege zwischen zwei Polkas oder Zwiefachen übers Instrument hinweg beiläufig gewarnt. Er hat die Warnung

beherzigt und sein freies Feierabendmundwerk gezügelt. So durfte er als aktenkundig Unbelasteter bald nach dem Krieg wieder seine Omnibusse nach Schönberg und Zwiesel lenken, trotzdem er als Postbeamter obligatorisch NS-Mitglied gewesen war. Feiern, Brauchtumspflege im Verein, Laienspiel, Sport, alles war 1933 bis 1945 fortschreitend dem Nationalsozialismus „gleichgeschaltet" worden. Manche Gruppen gaben sich schnell den neuen politischen Zielen hin, Förderung, Ideologie und Uniformierung genießend, andere ließen ihre Aktivitäten ruhen, um sie nach dem Krieg wieder aufzunehmen. Das Weggehen der jungen Männer in den Krieg, der Zuzug von Zwangsarbeitern und „besseren" französischen oder polnischen Kriegsgefangenen, bei fortschreitendem Krieg die Beherbergung „landverschickter" Kinder und Frauen aus den bombardierten Industriestädten haben die sozialen Verhältnisse bis ins letzte Dorf gewandelt.
Franziska Bachmeiers männliche Altersgenossen, sie selbst war 1930 geboren, haben die letzten Wochen des Krieges noch im Volkssturm erlebt. Nach 1948 zählte sie zu den Aktiven des Wiederaufbaus. Dass ihr der Krieg und ein ideologisch fixierter Vater den Besuch einer weiterführenden Schule verwehrt haben, konnte sie aber zeitlebens nicht verwinden.
Von Pauline und Johann Krammer aus Neuhäuseln im südlichen Böhmerwald sind Lichtbilder aus den dreißiger Jahren erhalten. Diese Photographien haben die Vertreibung 1946 und auch die Haushaltsauflösung im Jahr 2004 überstanden. Eine Tochter hat sie sorgfältig gehütet, nach Möglichkeit datiert und dazu Erinnerungen aufgeschrieben.
Der Blick sei auch in einigen Streiflichtern auf die ersten Jahrzehnte des Wiederaufbaus gerichtet: Schule, Arbeit, Freizeit. Ausgeklammert sei hier die Erinnerung an die vielen Menschen, die nach dem Krieg nicht mehr zurückfanden in Beruf und erfülltes Leben: traumatisierte Soldaten, ältere Vertriebene, geschändete Mädchen, vereinsamte Frauen gefallener Krieger, vergeblich auf vermisste Söhne wartende Eltern – und viele jener uniformierten und nicht uniformierten Heerscharen, die mordend und raubend an den Höhenflügen des Nationalsozialismus teilgenommen hatten. Die Erinnerung an diese Opfer und an diese Täter sei anderen Veröffentlichungen vorbehalten.

Nach dem altehrwürdigen „Café Prinzess" in Regensburg war auch dieses Café in Zwiesel benannt. Als „Café und Weinstube Prinzess" firmierte das Lokal, dessen Inhaber Karl Müller war. Wann die Karte an ein „Frl. Lisl Müller" in München geschrieben wurde und wie lange es das Café Prinzess in Zwiesel wohl gab?

Photographien sagen uns selten die ganze Wahrheit. Mit Retuschen wurde schon lang vor dem digitalen Zeitalter nachgebessert. Die Familie Petzi aus Pötzerreut bei Röhrnbach, deren Hof der Autor 1984 bis 1988 mit all seinen Gebäuden und Tausenden von Ausstattungsstücken in das Freilichtmuseum Finsterau übertragen hat, haben es sich einfach gemacht, sie haben ein Stück des Photos abgeschnitten. Wer stand dort mit seiner Ziehharmonika? War es ein junger Mann, der nicht nur ein musikalisches Duett mit der jungen Kathi Petzi spielen sollte, die ihre Zither zum Phototermin hinausgetragen hat vor den Hof? Kathi blieb ledig. War er ihr selbst nicht gut genug oder war er dem dominanten Vater Josef Petzi nicht recht? Vielleicht wollte auch Theres Petzi, Kathis Stiefmutter, die mit am Tisch sitzt, noch nicht so früh den Hof übergeben.

Wir wissen nicht, wie diese Menschen zusammengehören. Wo sind die Männer zu den zwei Frauen, die Väter zu den vielen Kindern (hinter der rechten Frau ist noch ein weiteres Kind verborgen)? Wem gehört der Kinderwagen? Kommt das barfüßige Mädchen mit der Tasche eben gerade von der Schule? Wie kam der Photograph zu dieser Szene, war es einer der fehlenden Männer? Wir wissen es nicht und wir kennen keine Namen.

„An einem niederbayer. Bauernhof kommen die Buben zum Karfreitagsratschen (Loham b. Mariaposching) 1939" hat die Photographin Erika Groth-Schmachtenberger auf der Rückseite dieser Photographie vermerkt. Eine Welt des Immerso wird von ihr auf vielen Reisen in Südtirol und Kärnten, in Ober- und Niederbayern, in Siebenbürgen, wo halt Deutsche lebten, festgehalten – am Vorabend des Untergangs.

1926 beging die Freiwillige Feuerwehr Außergefild ihr 50. Gründungsfest mit einem festlichen Umzug. Da wurde noch friedlich marschiert: Blechmusik voraus, die Feuerwehrler fesch und rüstig, erst an dritter Stelle die Politik und gleich dahinter die Ministranten und der Pfarrer. Bäuerinnen mit weißem Kopftuch sitzen auf einer Hausbank am Straßenrand. Männer im Sonntagsgwand stehen auf der steinernen Gred, an den Gartenzäunen, an die Hauswände gelehnt – natürlich mit Hut. Zwölf Jahre später zogen hier im Oktober die Soldaten des Deutschen Reichs hindurch. Was sind das für Häuser?, wird mancher angehende Krieger bei sich gedacht haben. Die hohen Fenster, die hölzernen Dächer, die Haustüren mit den zwei ganz schmalen Flügeln. Was tu ich denn hier bei diesen Leuten? Zwanzig Jahre später zogen die Menschen von Außergefild in die andere Richtung. Nacht für Nacht hatte man schon Hab und Gut, Urkunden, Maschinen über die nahe Grenze nach Finsterau und Heinrichsbrunn geschafft, dort bei Bekannten und Verwandten eingestellt. Nochmal ein paar Jahre später (1959) hat auf dieser Straße und in diesen Häusern Karel Kachyňa seinen Film „Král Šumavy" gedreht, über einen Wildererkönig im Böhmerwald. Die verwüsteten Häuser, die verlassenen Straßen, der herrenlose Laden kamen ihm gerade recht für seinen patriotischen Streifen.

Ein „Volksgautrachtenverein“ in oberbayerischer Tracht präsentiert sich 1937 vor seinem Vereinslokal, dem Gasthaus Pouget in Kaltenen-eck. Der Wirt hat sich dazugesellt. Dass auch die Trachtler des Bayerischen Waldes sich in Oberlandlertracht kleideten, war vor der Erneuerung der Trachtenbewegung durchaus üblich, so auch hier beim „V.G.T.V. Ilztaler“. Und es schaut ja auch schön aus. Dass neben dem klassischen Schnauzer auch das schmale Bürstchen über der Oberlippe trachtenfähig geworden war, fällt erst beim zweiten Blick auf. Bekannt ist uns eine der Frauen: Therese Fischbauer aus Lenzingerberg: letzte Reihe, Mitte, zwischen den Fenstern.

Ludwig Leyerseder (1924–1995) aus Hauzenberg hat diese heitere Spätnachmittagszene einer Jugend in Kriegszeiten photographiert.

An der Auffahrt zu dem Kleinbauernanwesen an der Grafenleite in Hals bei Passau war eine Muttergottesnische in einen aus der Straßenböschung ragenden Felsen gehauen. Dort hat Franziska Bachmeier in ihrer neuen, selbstgenähten Tracht vor der Kodak-Box des Amateurphotographen posiert, links ihr Bruder Hansl, rechts der Cousin Georg Zellner, alle drei in der Oberlandler Tracht des örtlichen Trachtenvereins.

Der Junglehrer Theo Blum hat seinen Photoapparat auf Selbstauslöser gestellt und sich schnell unter seine Schülerinnen und Schüler aus Mitterfirmiansreut gemischt, der Bursche ohne Mütze in der hinteren Reihe ist es. Richtige Skikleidung hatten nur die wenigsten der Kinder damals, 1952. Mehr als ein halbes Jahrhundert ist seit dieser Aufnahme vergangen, Theo Blum ist längst gestorben (1991). Dem Buben Karl Madek, der ganz in der Mitte seinen Kopf zwischen die Köpfe der vor ihm stehenden drängt, verdanken wir es, dass wir fast alle Abgelichteten dem Namen nach kennen. Beginnend von links: Hopfinger Margit, Weißhäupl Edi, Greiner Albert, Knaus Rosa, Plöchinger Erich, Klasslehrer Theo Blum, Engelbrecht NN, Dillinger Konrad, Herzig Inge, Spitzenberger H., Knaus Helmut, Madek Karl, Dillinger Alois, Halla Astrid, Engelbrecht Horst (hinten), Eder Hans (Mitte), NN (vorn), Springer W., Eckhard NN, Dillinger H., Halla Ingrid, Herzig Erika (Elke?).

Zählen wir richtig: 23 Mädchen und 23 Buben in einer Klasse? Die Tafelanschrift deutet auf die 2. Jahrgangsstufe hin, aber das verschiedene Alter der Kinder lässt eine jahrgangsgemischte Klasse vermuten. Die Buben sitzen auf den alten viersitzigen Bänken, die Mädchen – weil die ja die Bänke nicht volldageln! – haben zwei Reihen mit neuen zweisitzigen Bänken. Eines oder zwei der Kinder sind aus der Familie Schanzer in Riedelsbach. Wo war ihr Schulhaus, doch nicht etwa im fünf Kilometer entfernten Neureichenau? Lackenhäuser wäre näher gelegen.

Ein professioneller Photograph hätte die Kinder an einem gefälligeren Ort platziert, dem Hund hätte er den Übermut nicht angehen lassen. Ludwig Leyerseder, kaum ein paar Jahre älter als die zwei Buben, hat dagegen in seiner Leidenschaft für die Lichtbildnerei einen authentischen Moment erhascht. Er hat das Vergnügen der Kinder am Musizieren ins Bild gebannt. Sogar die Freude des Hundes, dabei sein zu dürfen, können wir erkennen, und die Begeisterung aller, photographiert zu werden.

Die Fassade eines dörflichen Kramerladens, 1939 in Loham. Emailleschilder werben für Zigaretten und Waschmittel. Die zwei Buben dachten wohl eher an Süßigkeiten, schon rechnend, ob sie im Zuge ihres Karfreitagsbrauchs die dafür nötigen Pfennige ergattern würden.

Seit den 1990er Jahren versucht der Autor zu ermitteln, wo diese Photographie gemacht wurde, wie diese Bauernfamilie heißt. Vergeblich! Das Haus, zumindest sein Erdgeschoss, ist gemauert, die tiefen Fensterleibungen sind ausgestellt, damit viel Licht in den Raum fallen kann. Unter der verputzten Decke ist ein Dekorband in Schablonentechnik auf die gekalkte Wand aufgebracht. Bauer und Bäuerin mit ihren Kindern und vermutlich einer Magd haben sich zu einem abendlichen Spiel um den Stubentisch versammelt. Ganz rechts ist der Photograph hinzugetreten.

Georg und Anni Zellner mit einer zutraulichen Hausgans, um 1930 in Hals bei Passau.

So eigentümlich der Zaun aus Hanicheln und Schwarteln gefertigt war, so theaterhaft inszeniert ist auch der Auftritt des Mannes zwischen den zwei Stangenpaaren. Schade, dass unbekannt ist, wo diese Aufnahme entstanden ist. Kleidung und Barttracht des Mannes lassen eine Zeit vor 1914 annehmen.

*Johann (*1907 in Neuhäuseln, Kreis Kaplitz, †1995 in Heidelberg) und Pauline Krammer, geb. Fuchs (*1907 in Reith bei Kirchschlag, Kreis Krummau) feierten ihre Hochzeit am 25. Januar 1937 in der Pfarrkirche von Kirchschlag im Böhmerwald.*
Weil der eigens bestellte Bus für die Hochzeitsgäste des Bräutigams aus Neuhäuseln auf einer schneeverwehten Hochfläche zwischen Friedberg und Kirchschlag stecken blieb, mussten diese 1½ Stunden durch den Schnee stapfen, um ihr Ziel zu erreichen.
Zum Feiern fuhren alle gemeinsam zurück nach Neuhäuseln, wo dieses Gruppenphoto entstand.

Der Lehrer Johann Haiböck (1879–1969) hat Generationen von Schülerinnen und Schülern in der Dorfschule von Wildenranna unterrichtet. Er war ein gebildeter Mann. Hier präsentiert er sich um 1920 mit seinem Chor. Stolz hält er die Noten der Missa Stella maris op. 141 von Peter Griesbacher (1864–1933) in Händen. Den Priester und Komponisten aus Egglham kannte er vermutlich – und er war auch mit dem Photographen gut bekannt. Es war, so nimmt der Autor an, Joseph Richtsfeld (1867–1941), der zuletzt in Hartkirchen am Inn Lehrer war. Der Knabe ist vielleicht Haiböcks Sohn, der im Zweiten Weltkrieg gefallen ist.

Franz Schanzer bewohnte mit seiner Frau Mathilde 1952 bis 1968 das einhundert Jahre alte Eckerl-Anwesen in Riedelsbach (Abb. S. 82), zuletzt mit zwölf Kindern. Weihnachten 1968 zogen sie in einen komfortableren Neubau nebenan, den der Bauarbeiter Schanzer selbst errichtet hat. Wir sehen Franz Schanzer um 1962 mit seiner Arbeitstasche vor der Nibelungenhalle in Passau, ein Schwarm Schanzer-Kinder tummelt sich – es ist Sommer 1965 – im Freien.

Edeltraud Schanzer, eines der Kinder aus dem Schanzer-Anwesen in Riedelsbach, war mit dabei auf einem Schulausflug.
Alle Mädchen sind schick gekleidet, in Kostüm oder Kleid, mit Söckchen in feinen Schuhen. Viele tragen ein Täschchen, ein Firmgeschenk der Patentante? Können wir erkennen, welches der Kinder aus wohlhabenderem Haus stammt?
Sicher wurden die wenigsten der Kleider im Kaufhaus erworben. Nach Schnittmustern aus den einschlägigen Modezeitschriften hat die Mutter, eine Verwandte oder, gegen Entgelt, eine Näherin aus einer der zahlreichen Textilfabriken Wünsche und Träume der Kinder erfüllt – oder auch nicht.

Wüstung so und so – Verlorene Bauernhäuser im Bayerischen und im Böhmerwald

„Trotz des Denkmalschutzgesetzes sind von den charakteristischen Hauslandschaften nur mehr Fragmente da, Kulturlandschaften in großem Umfang zerstört“, klagte der Generalkonservator des Bayerischen Landesamtes für Denkmalpflege in der Zeitschrift aviso. Wirklich sind von den alten landschaftsprägenden Häusern in der bäuerlichen Flur nur noch wenige verstreute geblieben. Wo manchenorts noch eines steht, verschwindet es hinter den aufgeschossenen Allerweltsbauten, denen mit Erkern, Säulen, üppigen Balkonen, Registern von Dachgauben, Toskana-Dacherln, Denver-Clan-Versatzstücken und dergleichen Zierat wenigstens der Anschein von Würde und Individualität nachgereicht werden soll.

Bauherren früherer Zeiten hörten auf die Empfehlungen der Gebildeten, was meist zu ihrem Besten diente, jetzt erscheint jeder gebildet, weil es den Vorbildern landauf, landab zwar meist nicht an Ausbildung und Kenntnis exotischer Urlaubsstrände, aber an Bildung mangelt. Im Bayerischen Wald wurden die alten Häuser, die einmal prägend für die Heimat waren, abgerissen, weggeschoben, wie die Leute hier zu sagen pflegen. Dörfer wie Pötzerreut bei Röhrnbach oder Finsterau am Fuß des Lusens verloren ihr Gesicht binnen weniger Jahrzehnte. Glücklicherweise gibt es auch andere Beispiele, Rehberg bei Grainet sei genannt. Im Böhmischen hat sich manches Haus erhalten, weil es gebraucht wurde. Wenn auch nicht von seinen ursprünglichen Bewohnern und Eigentümern, so doch von Menschen, die das Dach dicht hielten und den Verputz erneuerten, wo ihm Wind und Wetter zugesetzt hatten. Entlang der Grenze zwischen der Tschechoslowakei und Deutschland, Böhmen und Bayern wurden ganze Dörfer von der Landkarte getilgt, nachdem die Menschen vertrieben waren. Ohne Anklage, aber mit Wehmut berichtet Karl Häusler in der Zeitschrift Hoam! des Deutschen Böhmerwaldbundes, Häuser und Kirchen habe man „kurzerhand gesprengt, die Dörfer dem Erdboden gleichgemacht. In meiner Erinnerung aber bestehen sie noch, die Dörfer meiner Heimat: Hinter-Waid, Mitter-Waid und Vorder-Waid am Südosthang des 1121 Meter hohen Kiesleiten, das Schuldorf Stadeln, Gutwasser und Hartmanitz am Südwesthang des Berges, die Weiler Ebenwies, Groß-Babylon, Klein-Babylon und Holzschlag im Osten“.

Wenn von den traditionellen Häusern und Bauernhöfen auf dem Land die Rede ist, fällt häufig der Begriff Hauslandschaft. So nennt die historische Hauskunde Bautypen, die sich in einem umgrenzten Raum durch wesentliche Eigenheiten auszeichnen. Der niederbayerische Vierseithof mit seinen eng um einen Hof gruppierten Einzelgebäuden hat sich vom Hügelland südlich der Donau bis in den Bayerischen Wald fortgepflanzt und ist auch jenseits des Böhmerwaldhauptkamms bei größeren Anwesen zu finden. Nach Südosten zu aber, herauf bis in den Kreis Prachatitz, wird der Vierseithof abgelöst durch den Vierkanter oberösterreichischer Art, bei dem ähnlich einer barocken Klosteranlage ein Haus mit vier Flügeln einen geschlossenen Hof umfasst.

Viele Häuser und Höfe vereinten aber alle ihre Funktionen, von der Wohnung über den Viehstall bis zum Getreide- und Heu-

Alles Holz – mit Ausnahme der Menschen natürlich. Das Wohnhaus bei der Sägemühle in Kriseszell bei Rattenberg ist von Grund auf in Holzblockbau errichtet. An der Giebelseite ist ein Schrot angebaut, dessen Verschlag mit schmalen Blendarkaden geschmückt ist. Andere Häuser in der Region haben einen Schrot, der über Eck verläuft und sich auch an der ganzen Traufseite des Hauses entlang zieht. Hier sind an der Längsseite des Hauses nur zwei kurze, brüstungslose Ausleger vorhanden, auf denen Holz oder anderes Zeug lagert. Brennholz ist reichlich aufgerichtet, unter dem weit auskragenden Dach geschützt vor Regen. Die Wirtschaft war bescheiden, das ist am Haus abzulesen, dessen Stube mit zwei mal zwei Fenstern recht klein bemessen ist.

speicher, unter einem einzigen First. Auch diese unterscheiden sich von Region zu Region. Sind im Bayerischen Wald und – eine Insel in der Hauslandschaft auf böhmischer Seite! – in der Ortschaft Wallern / Volary die Waldlerhäuser mit ihren flach geneigten Dächern, die einmal von Legbrettern gedeckt waren, beheimatet, so sind es im Hohen Böhmerwald auf beiden Seiten des Kamms die Böhmerwaldhäuser mit ihren steilen Schopfwalmdächern, die später mit Tausenden von Scharschindeln benagelt waren. Richtung Egerland sind bereits Fachwerkhäuser anzutreffen, in den Landstrichen, die sich zum Böhmischen Becken

hinabneigen, finden sich die gemauerten und verputzten Häuser, die sich in der Manier der habsburgischen Lande mit bauernbarocken Schaufassaden zu weiten Angern hin darbieten.
Die Häuser im Bayerischen Wald und im Böhmerwald haben, so unterschiedlich sie im einzelnen sein mögen, gemeinsam die Herstellung in Blockbautechnik – an Fichten und Tannen fehlte es ja rund um die Dörfer nicht. Und alle haben ihre Lebensmitte in einer Stube, die mit ihren Fenstern zum Hof und zum Dorf blickt und die erwärmt wird von einem gemauerten oder gekachelten Herdofen.
Erst die letzten 150 Jahre haben sich gemauerte Häuser unter die Holzbauten gemischt, selten aus Ziegeln aufgerichtet – von den Häusern in den Märkten und Städten abgesehen –, sondern aus Feldsteinen und Bruchsteinen des umliegenden Landes. Gebräuchlich war lange Zeit, dass Stube und Kammern noch in Holzblockbau belassen, die Stallungen aber gemauert wurden.

Reinhard Haller hat einmal in der Zeitschrift Schöner Bayerischer Wald über das Obermühl-Haus in Bodenmais berichtet. Er besitzt ein Photo von 1929, das Heinrich Wühr auf dem Dach des angebauten Schupfens stehend zeigt, auf dem Giebelschrot unter dem Dach ist dort wagemutig Wäsche aufgehängt. Heinrich Wühr war bekannt für die Singvögel, die er fing und in Käfigen hielt.
Das Haus wurde immer wieder photographiert, wegen seiner malerischen Anbauten und wegen des immer wieder geflickten Schindeldachs. Unser Photo von etwa 1940 zeigt das Haus bereits mit dem Werbeschild über der Tür zur Werkstatt, welche im teils gemauerten Erdgeschoss untergebracht war. Ein weiteres erhaltenes Photo im Archiv für Hausforschung erlaubt die Aufschrift zu entziffern: „Korb-Möbel Flechterei Reparaturwerkst. JOS. WÜHR“

Zum Neujahranblasen sind die Bewohner auf den niedrigen Schrot ihres Waldlerhauses herausgetreten.
Der Ort der Aufnahme ist unbekannt, ebenso das Jahr. Wir kennen nicht den Namen der jungen Frau mit dem Kopftuch und den gar nicht zur Arbeit passenden Schuhen, wir wissen nichts über die Musikanten. Nicht einmal der Photograph ist uns bekannt, dem wir die Erinnerung an diese Szene verdanken.
Zwei Impenkörbe sind auf dem Schrot aufgestellt. Die Stöcke sind natürlich in Winterruhe. Hoffen wir, dass die Kinder nicht auf den Brettern hin- und hergelaufen sind und die Bienen aufgestört haben!

Genau in der Mitte der Szene steht der Bauer Matthias Philipp (1879–1953), direkt unter dem First seines gemauerten Hauses, den Hund zu seinen Füßen. Im Giebelfeld ist ein Muttergottesbild aufgehängt, damit Segen auf dem Anwesen wäre. Um 2001 wurde das Haus abgerissen. Der junge Mann links in der Gruppe ist Franz Fischbauer, der damals – es war um das Jahr 1914 – Knecht „beim Schreiner" in Ahornöd war. 1897 ist er geboren, zum Zeitpunkt der Photographie mag er 16 Jahre alt gewesen sein. Später hat Franz Fischbauer bei Wacker in Burghausen gearbeitet und er hat selbst leidenschaftlich photographiert.

Im Bildarchiv von Ernst Dorn ist dieses Photo des „Meisl-Hauses" in Vorderfirmiansreut aufbewahrt. Der Heimatforscher Dorn, geboren 1924, ist selbst als Bub mit abgelichtet. Eine der beiden Frauen war wohl seine Mutter, die zweite die Frau des Forstverwalters Legat. Das Meisl-Anwesen ist an der Hausglocke leicht zu erkennen.

Fast vierzig Jahre stand das Schanzer-Häusl in Riedelsbach schon leer und war unverändert geblieben, bis dieses Photo entstand. Als eines der letzten auf bayerischer Seite erhaltenen Häuser vom Böhmerwald-Haustyp wurde es danach in das Freilichtmuseum Finsterau übertragen. Mit seinem steinernen Sockel, dem mit Schindeln verschlagenen Blockbau der Stube und dem Schrot mit den Andreaskreuzen steht es dort wieder in ähnlich steiler Hanglage wie hier am alten Standort. Das Hühnergatter vor der Fletztür steht einladend offen.

In Riedelsbach standen mehrere Kleinbauernhöfe. So verwundert es nicht, dass von dort die Photographie eines dem Schanzer-Häusl ganz ähnlichen Böhmerwaldhauses erhalten geblieben ist. Von den Hängen des Hohen Böhmerwaldes blicken wir hier hinunter auf die sanfter gewellten Berge des Unteren Bayerischen Waldes, wo Kartoffeln, Flachs und Roggen besser gediehen als hier auf den raueren Höhen des Spätsiedellandes.

Der Steffl-Hof in der Gemeinde Kollnburg hatte einen zweistöckigen freistehenden Troadkasten, der mit Ziegeln eingedeckt war. Welchem Zweck die hölzerne Bühne diente, blieb bisher unerklärt, wahrscheinlich diente sie zum Leinwandbleichen. Wäsche und Bettzeug zum Trocknen auszulegen, geschah allenfalls nebenbei. Dass der Hof zwei so prächtige Pferde halten konnte, verwundert. War der Bauer als Fuhrmann tätig? Unter dem Legschindeldach des Wohnhauses waren auch die Stallungen untergebracht. Der freistehende Stadel ist nicht mit im Bild.

Der Raidl-Hof ist in Böhmzwiesel eng in den Dorfverband eingefügt. Die giebelseitige Fassade des vielfenstrigen Wohnhauses und auch die des hölzernen Austragshauses blicken zur Dorfstraße.
Zwei vollständige Familien stehen vor dem Hoftor, dazwischen ein junger Mann. Etwas abseits stehen zwei Knechte mit einem Ochsen.
Das Austragshaus steht seit 1979 im Freilichtmuseum Finsterau, das prächtige Wohnhaus bis heute unbewohnt an seinem alten Ort inmitten des Dorfes.

Ein Lichtbild aus Pilgramsberg mit vielen sprechenden Details: Fünf Kinder können wir zählen, alle, mit Ausnahme des ältesten Kindes, sind barfuß. Der Sohn steht beim Vater, der sich ihm mit einer Handgeste zuwendet, die Mutter trägt das jüngste Kind auf dem Arm. Die ledige Schwester des Bauern, Therese Freund, hat ihre Tochter Anna an der Hand.
Der Bauer ist mit dem gebräuchlichen Fürfetzen, dem landesüblichen Vorbindeschurz, gekleidet, ebenso der Altbauer, der sich im Hintergrund hält. Bei den Pferden steht ein Knecht.
Wir sehen granitene Gredplatten vor dem Haus, wir sehen einen hohen Zaun, der die Gänse vom Hausgarten fernhält. In einen Balken des Schrots sind – griffbereit für Erwachsene, aber außer Reichweite der Kinder – einige Sicheln geschlagen.

Das Haus im Hintergrund dieser Dorfszene ist, mehr als einhundert Jahre nachdem der Photograph diese Frauen bei der Heimkehr vom Heuen im Lichtbild festgehalten hat, noch fast unverändert erhalten. Der Backofen hinter den Bäumen, das Salettl am Straßenrand, beide sind längst verloren, wie so viele Bauernhäuser. Dass dieses Haus in Schiefweg bei Waldkirchen noch existiert, verdankt es einem glücklichen Umstand: Hier wurde 1874 die Dichterin Emerenz Meier geboren.

Der Riedl-Bauer in Saulorn befasste sich intensiv mit der Imkerei, die vielen Bienenkörbe in einer Stellage an der Hauswand zeugen davon. Beachtenswert ist der Jägerzaun aus dünnen Hanicheln. Die Aufnahme von 1910/15 zeigt in einem engen Dorfverband ein Gebäude vom Typ Waldlerhaus. Das Obergeschoß des Wohnhauses ist vermutlich älter als das gemauerte Erdgeschoss mit den großen Fenstern.

Josef Resch steht mit seiner Frau vor seinem Anwesen in Schönbrunn. Die Schrotbrüstung des Hauses ist nur zum Teil verbrettert, verschindelt ist der Blockbau nur dort, wo der Regen angreifen kann. Aber wir dürfen nicht kleinkrämerisch sein. Immerhin hat er Schnürschuhe und einen ordentlichen Arbeitsschurz an, sie trägt Schlapfen an den Füßen und eine Kittelschürze über dem Kleid. Die steinerne Gred, die das Haus an zwei Seiten umläuft, ist sauber. Dass im späten Herbst noch nicht alles Brennholz aufgerichtet ist, wer will's den beiden verdenken. Von der Miststatt ist aber offenbar schon einiger Mist auf die Wiesen ausgebracht.

Das Mühlen- und Wirtsanwesen in Meinstorf bei Sankt Englmar ist so ausgestattet, dass sich der Eigentümer guten Grundes stolz vor seinem Hof präsentieren konnte. Um 1900 ist das Wohnhaus mit dem Glockenturm noch mit Legschindeln eingedeckt. An First und Traufe sind die Schindeln genagelt. Das Stallgebäude, in dem Dienstbotenkammern und, hinter dem großen Rundbogen, die Schnapsbrennerei untergebracht sind, hat schon Ziegeldeckung, ebenso der Getreidekasten und das sogenannte Aufschlägerhäusl, in welchem der Bieraufschläger wohnt. Die Mühle, der ein aufgestelzter Schüttkasten Wasser auf das Rad leitet, ist mit Scharschindeln eingedeckt.

Mit aufgeputzten Pferden am Wagen lässt der Bräutigam die Mitgift seiner Braut am Hof ihrer Eltern, dem „Pausnhof" in St. Oswald, abholen. Der Kammerwagen ist gut ausgestattet: Bett samt Bettzeug, Schränke, Rührbutterfass, Schüsselrehm, Spinnrad und Spinnrocken und eine Wiege.
Die Patin der Braut, vielleicht war es auch eine ledige Schwester, sitzt etwas bang auf dem Wagen, ein Bursche hält die Spansäge, die zur obligatorischen Ausstattung einer Hausfrau zählt. Stolz stehen die Naderin, die einige Wochen für die Fertigstellung der Aussteuer am Hof tätig gewesen war, und der Progroder, der Brautlader, der eine gute Partie eingefädelt hat, neben dem Kammerwagen. Ein Knecht des Pausnhofs steht bei der Kuh, die als Teil der Mitgift an den Wagen gebunden ist.
Kinder aus dem Dorf versperren den Weg mit Seilen. Vom Wagen herab wird die Fahrt mit schmalzbackenen Küchln ausgelöst. Wo ist die Braut? Die wird der Vater selbst in einem eigenen Wagen führen.

Die Haustüre ist gleichsam Visitenkarte eines Anwesens, deshalb wurde sie nach Möglichkeit solide und schön ausgeführt. Wir sehen auf Photographien von 1986 eine rautenförmig aufgedoppelte Türe in Goggersreut bei Röhrnbach, in Marchhäuser nahe der Grenze zur Tschechoslowakei eine – nach böhmischem Vorbild – zweiflügelige Türe mit Oberlicht, außerdem eine einfache Brettertür in Lichtenau bei Ringelai, an der noch Reste einer Rautenmalerei erkennbar sind.

Nicht allein das Türblatt ist repräsentativ, auch das Türgericht, das im Bayerischen Wald häufig in Granit gefertigt ist. In Nendlnach bei Grafenau ist ein besonders schönes Beispiel erhalten. 1850 ist der Türsturz datiert, die Initialen ML verweisen auf den Eigentümer M. Liebl, das IHS-Zeichen für Christus (im Volksmund „Jesus, Heiland, Seligmacher") soll jedem, der das Haus verlässt oder betritt, zum Segen dienen. Das Türblatt mit dem historistischen Dekor ist wohl zeitgleich.

Original Fliegeraufnahme – Die Faszination der Vogelschau auf eigentlich Bekanntes

Sich in einer fremden Stadt mit ihren historisch gewachsenen Strukturen vertraut zu machen, ihre Plätze und Straßenzüge, die Dachlandschaften der älteren und der jüngeren Quartiere zu betrachten, Kirchen und Klöster, öffentliche Bauten, Parks herauszusuchen, das ist das Vergnügen einer jeden Turmbesteigung. Den Verlauf eines Flusses, vielleicht eines zweiten, der hier bei der betrachteten Stadt mündet, zu verfolgen, die Reste einer mittelalterlichen Befestigung zu identifizieren, dann die Bastionen und die Glacis der barocken Aufrüstung. Die Stadterweiterungen des fortgeschrittenen 19. Jahrhunderts unterscheiden sich deutlich von den Trabantensiedlungen des 20. Jahrhunderts. Dasselbe gilt für die Landstädte und Märkte und ebenso für Dörfer und Weiler. Nur dass alles ein wenig überschaubarer ist, meist nur ein Kirchturm zwischen den Häusern herausragt und das Umfeld mit den Landstraßen, Feldern und Wiesen, Waldstücken und Bachläufen zum Gesamtbild beiträgt.

Ist es schon interessant, Fremdes aus der Vogelperspektive zu betrachten, so ist es umso faszinierender, bekannte Orte oder gar

Ludwig Leyerseder hat Verbotenes getan: Aus dem Dachfenster des elterlichen Anwesens in Hauzenberg hat er ein Flugzeug der Luftwaffe photographiert.

Man möchte meinen, die Dorfstraße ließe sich entlang gehen, so dicht ist die Staffelung der Häuser, so atmosphärisch der Wechsel von Licht und Schatten auf diesem sehr alten Lichtbild. Es handelt sich um Poppenreut bei Waldkirchen.
Rechts im Bild ist der „Mariner-Hof" mit seinem hohen Stadel, dem repräsentativen Hoftor und dem gemauerten Wohnhaus zu sehen.
Das niedrige Stallgebäude mit dem Natursteinmauerwerk und dem schindelverschlagenen Kniestock wurde gleich nach 1921 abgebrochen.
Ganz links steht das „Simi-Häusl", das einmal zu einem großen Hof gehört hatte, der jedoch vertrümmert wurde. Gleich dahinter, vom Sonnenlicht überstrahlt, ist das gemauerte Haus des „Franzl-Bauern" zu erkennen. Zu diesem Hof gehört auch der Traidkasten, der recht anschließt. Ganz am Ende der Straße steht der Ochsenstall des „Simi-Hofs".

Von rechts unten im Bild führt der Kleine Regen an die Glas-Stadt Zwiesel heran, wo er in den Großen Regen mündet. Hinter der Kirche ist am Saum der Bäume und Sträucher der Verlauf dieses Flusses zu erkennen. In den nach Nordosten ansteigenden, der Stadt den Namen gebenden Landzwickel zwischen den beiden Flüssen ist der Ort im hohen Mittelalter gegründet worden. Als beeindruckende Kulisse erhebt sich hinter der Stadt das Grenzgebirge des Hohen Böhmerwaldes, das dem Markt (seit 1313, Stadt seit 1904) Holz und Wasser liefert. Das Bild dominiert aber der 86 m hohe Backsteinturm der neugotischen Stadtpfarrkirche Sankt Nikolaus (1891–96).

den Heimatort so zu sehen. Faszination der Vogelschau auf eigentlich Bekanntes! Schon die Frühzeit der Photographie hat Aussichtspunkte auf Anhöhen und auf Stadt- und Kirchtürmen gesucht, „vom Turme aus betrachtet" ist auf manchen Postkarten zu lesen.

Lithographierte Zeichnungen „aus der Luft betrachtet" oder „in der Vogelschau" gab es schon vor den Flug-Lichtbildern, Reinhold Fink hat einige davon in seinem Buch „Der Kreis Prachatitz im Böhmerwald in alten Ansichtskarten" abgebildet. Alle Ortschaften sind benannt, ebenso die Berge, diese sind zudem mit den Höhenmaßen beschriftet; außerdem ist es vergnüglich, auf diesen Karten die Straßen und vor allem die Eisenbahnstrecken in den Tälern mit dem Auge zu verfolgen.

Später gab es „Original-Luftschiffaufnahmen" und in der Nachfolge der Flugzeug-Aufklärung des Ersten Weltkriegs traten die „Original-Fliegeraufnahmen" ihren Siegeszug durch die Postkartenverlage und Kioske an. Mit der Wiederaufrüstung des Deutschen Reichs wurde auch die Begeisterung für das Fliegen gefördert, der Deutsche Luftsportverband DLV als vormilitärische Einrichtung und später die Flieger-HJ trugen zur Popularität bei. Mit dem Erwerb einer „Original-Fliegeraufnahme"-Postkarte konnte jeder in effigie zum Flieger werden.

So haben sich auch den Jagdfliegern und Bomberpiloten die Ortschaften dargeboten.

Ein Dokument der Faszination hat Ludwig Leyerseder hinterlassen. Um 1942 hat er aus einer Dachluke des elterlichen Hauses in Hauzenberg ein deutsches Kriegsflugzeug mit seiner Kamera festgehalten. Man ist geneigt zu sagen „abgeschossen", aber das würde nicht das dokumentarische Interesse des jungen Photographen berücksichtigen. Sicher wäre der Flugzeugtyp von Fachleuten zu identifizieren. Uns interessiert jedoch hier nicht der Luftkrieg, sondern der Blick des Menschen im Bayerischen Wald auf seine Welt.

Und uns interessiert, wie sich Eigentumsverhältnisse, historisch gewachsene Siedlungsstruktur und der Verlauf der überörtlichen Verkehrs- und der örtlichen Versorgungswege abzeichnen. Hangneigung, Taleinschnitte, Hügel und Berge und sonstige Phänomene des Geländeprofils sind auf den Fliegerphotos allerdings nur schlecht zu erkennen.

Der Markt Hengersberg, am Fuß des Bayerischen Waldes gelegen, hat seinen Marktplatz in die freie Senke zwischen Rohrberg und Frauenberg gebaut. Die Handelsstraße, die den Markt Richtung Schönberg und Grafenau durchzieht, ist gut zu erkennen. Zur Zeit der Aufnahme dieser Photographie war auch die Ziegelei noch in Betrieb, die an den Schloten und an der Lehmgrube erkennbar ist. Die Karte ist auf den 7.7.42 datiert, adressiert ist sie nach Chemnitz, ganz flüchtig ist, ohne dass der Kartenschreiber seinen Namen nennt, notiert: „Liebe Ottilie u Fritz! Uns geht es gut reichlich zu essen haben wir hier, auch schönes Wetter."

Auf einem hohen Felssporn drängen sich Schloss, Pfarrkirche und Dorf Fürstenstein. Als diese Karte am 18. August 1935 geschrieben wurde, hatten die Maria-Ward-Schwestern dort ein Knabeninternat eingerichtet.

„Prachatitz im Böhmerwalde" ist die Postkarte bezeichnet. Große öffentliche Bauten und neu angelegte Siedlungen mit Wohnblöcken lassen erkennen, dass die Stadt in den dreißiger Jahren an der allgemeinen Wirtschaftsentwicklung der Tschechoslowakei wie auch an der Gewerbekraft des Böhmerwaldes Anteil hatte. Am Stadtplatz ist das neue Rathaus (1903) zu erkennen, links im Bild die Kaserne (1875), rechts im Vordergrund das Real-Gymnasium (1897)

Das Margarethenbad (Lázně Svaté Markéty) war wegen seiner Bahnanbindung und der Nähe zur Kultur- und Einkaufsstadt Prachatitz bei Tschechen und Deutschböhmen wie auch den Österreichern beliebt. Kaltwasser- und Moorkuren waren die Grundlage des Kurbetriebs, sie wurden verbunden mit allen Möglichkeiten der Luftkur. Der bewaldete Libin, der auf fast 1.100 m ansteigt, an dessen Fuß der Prachatitzer Ortsteil Bad liegt, bot gemütliche und anspruchsvollere Wandermöglichkeiten.
1935 wurde der Badbetrieb eingestellt, teils wegen der allgemeinen wirtschaftlichen Depression, aber auch, weil die tschechischen Gäste wegen der zunehmenden Feindlichkeit der Deutschen ausblieben. Josef oder Franz Seidel hat dieses Bild vom Wolletschläger Weg am Schwarzberg aus photographiert.

Während sich andere um Überblick sorgten in einer unübersehbaren Welt voll Gewalt, Denunzierung, Willkür und Vorteilsnahme und wohl auch deshalb für Original-Fliegeraufnahmen, die Überblick wenigstens im Bild verschafften, einen besonderen Faible pflegten, schaute der junge Amateur-Photograph Ludwig Leyerseder aus Hauzenberg mit – scheinbar? – unschuldigem Blick auf die Menschen, die in seiner Heimatgemeinde Hauzenberg ihrer Arbeit nachgingen, auf Heimaturlaub zu Besuch kamen, sich Freizeit und Spiel hingaben. Jetzt hat's mich erwischt, wird sich der Soldat gedacht haben, als ihm die Stahlscherbe in den Oberschenkel fuhr. Wenn man ihn aber jetzt so stehen sieht in seinem grauen Filz, in sich gekehrt lächelnd, den frischen Burschen in der feschen Marineuniform neben sich, der auftrumpft, damit keine Angst aufkommt in diesem Kriegsjahr 1942, wenn man ihn so ansieht, wie er in Gesellschaft seiner Krücken an der Steinbrüstung des Marienbrunnens in Hauzenberg lehnt, dann denkt man, vielleicht hat er Glück gehabt. Lieber mit einem Bein in der Heimat, als mit beiden im Grab, das war so eine Redensart zu dieser Zeit. Aber auch der Marinesoldat ist wieder heimgekommen, – mit beiden Beinen.

Freizeit auf dem Freudensee bei Hauzenberg. Was war Anlass zu dieser Bootsfahrt? Einer der jungen Männer nahm in Uniform teil. Ludwig Leyerseder, geboren 1924, also etwa im Alter dieser Burschen, hat dieses Photo aus einer anderen Zille heraus gemacht. Er hat keine Helden photographiert, sondern Momente des Lebens, dem er mehr beobachtend als teilnehmend angehörte. Nicht der Soldat, der eine imposante Mitte in diesem Bild hätte einnehmen können, steht wagemutig in der schmalen Zille, nein, zwei andere Burschen in kurzen Hosen forderte er auf sich hinzustellen, damit etwas mehr Bildwirkung entstand. Das Formale des Lichtbilds hat ihn interessiert und die Gemeinschaft seiner Altersgenossen, nicht das Weltbild seiner Zeit.

Perlesreut liegt eng gebaut auf einem nord-süd verlaufenden, vor der Kirche sich nach Osten wendenden Kamm zwischen Ilz und Ohe. Der Ort ist Markt und Pfarrstätte für sein bäuerliches Umland. Nordwestlich erstreckt sich das fruchtbare Ohetal, Schmalzdobel genannt. An der Grenze des Hochstifts Passau zu Altbayern hin gelegen, hatte Perlesreut auch marktpolitische Bedeutung für den Fürstbischof von Passau. Überregionale Bekanntheit hat Perlesreut mit seinem Schmalzler, dem in Schmalz gebundenen Schnupftabak, erlangt.

Jahrhunderte lang führte die Straße von Passau über Tittling nach Schönberg, durch den Markt hindurch und weiter nach Regen, Cham und Weiden. 1938 wurde hier ein Stück der Ostmarkstraße gebaut, sie führt südlich und westlich im Tal an Schönberg vorbei. Dadurch sank die wirtschaftliche Bedeutung der dort ansässigen, von Handel und Verkehr abhängigen Gewerbebetriebe. Touristisch aber konnte Schönberg gewinnen, weil es frei blieb vom zunehmenden Kraftverkehr.
Von den Resten der 1830 abgebrannten Burg ist auf der Postkarte nichts zu erkennen. Die bauliche Dominanz der dreischiffig wieder aufgebauten Pfarrkirche am oberen Ende des ansteigenden Marktplatzes ist dem Selbstbewusstsein des alten Marktes geschuldet.

Vom Steinberg aus geht der Blick über Viechtach hinweg Richtung Südwesten. Östlich der Stadt Viechtach, die zur Zeit dieser Photographie noch Markt war, am Fuß der Kirche, treibt der Schwarze Regen eine große Sägemühle. In einer Schleife nördlich der Stadt wird an einem Wehr Wasser für die Rugenmühle ausgeleitet. Noch weiter nördlich durchlief der Regen ein enges Tal. Hier wurde 1923 bis 1926 das Höllensteinkraftwerk errichtet, das den Fluss bis fast zur Rugenmühle und Viechtach hinauf staut.

Finsterau ist die letzte bayerische Ortschaft auf dem Weg von Passau nach Bergreichenstein. 1704 wurden es mit 10 Anwesen an der Höhenstraße als Waldhufendorf gegründet. Jedem Hof wurden schmale Flurstreifen, die sogenannten Hausörter, zugewiesen, die sich an beiden Seiten des Kamms bis zu drei Kilometer lang in die Täler des Reschbachs und des Rothbachs (in dessen Verlängerung des Saußwassers) hinabziehen. Die Kirche, vollständig aus dem örtlichen Granit errichtet, entstand erst 1910/12. Der Name der Ortschaft wird landläufig als von einer finsteren Au herrührend beschrieben. Eine Aue war dort oben am Berg wohl nie gewesen, finster war allenfalls der Wald, der sich nördlich und westlich der Ortschaft bis auf weit über 1.000 m erhebt. Der Südtiroler Reiseschriftsteller Johann Nep. Bachmeier, der 1945 als Flüchtlingskind in Finsteraus böhmischem Nachbarort Fürstenhut geboren wurde, führt den Namen auf finis terrae zurück – und er hat es übersetzt ins Bairische mit „z'hinterst im Woid". Lange Zeit war dort wirklich die Welt zu Ende und der schier endlose Nordwald begann. Finsterau ist demnach Namensvetter der anderen land's-end-Orte Cabo Fisterra (Cape Finisterre) im Nordwesten Galiziens und (Département) Finistère in der westlichen Bretagne.

Hohenröhren, auf halber Strecke zwischen Mauth und Finsterau gelegen, ist ein kleines Straßendorf. Dort war, ebenso wie in Böhmisch Röhren zwischen Philippsreut und Kuschwarda, für die Säumer und ihre Pferde am Goldenen Steig eine Quelle gefasst und über Holzröhren zum Steig geleitet. Im Haus vorne an der erst in jüngerer Zeit am Dorf vorbeiführenden Straße ist ein Kramerladen untergebracht. Am Bauernhof dahinter wurde eben zur Zeit der Photographie der Holzblockbau der Stube durch Ziegelmauerwerk ersetzt.

Das Freilichtmuseum Finsterau hat aus den Jahren 1959/60 eine kleine Sammlung gewerblicher Luftbilder erworben. Eine der Photographien zeigt am Ortseingang von Mauth die 1935/36 „in der Schachtelau" errichteten Waldarbeiterhäuser. Zu jedem Haus gehörte ein angebauter Schupfen, ein Garten und ein schmaler Streifen Wiese, auf der für ein, zwei Ziegen Gras und Heu eingebracht werden konnte. Das Wohn- und Geschäftshaus „ELEKTRO Reischl RADIO" ist jünger. Rechts vor dem Laden, im Schatten des Hauses, stehen eine Frau und vier Kinder. Sie blicken zum Flugzeug hinauf. Bei fast jedem Haus ist an diesem sonnigen Frühsommertag die Wäsche ins Freie gehängt, auch beim staatlichen Forsthaus, das im Vordergrund ins Bild ragt.

Holzveredelungsbetriebe sind an vielen Orten des inneren Bayerischen Waldes aus den „Bitzlereien" der familiären Hausindustrie entstanden: Bürstenbretterfabriken, Holzdrahthobelwerke, Resonanzholzhersteller, Paletten- und Siebzargenmacher. Es gab sogar Holzschuhfabriken. Schindel-, Rechen-, Schaufel- und Sensenknittelmacher aber blieben einfache Hausproduzenten, bis der letzte von ihnen seine Heinzelbank zur Seite stellte. Hier im Bild ist die Fabrik von Hans Krickl in Mauth. Viel Holz ist vor dem Haus gelagert, der Mercedes des Betriebsinhabers ist zu sehen – und die Abfolge der immer größeren Werkstätten ist nachzuvollziehen. Die älteste ist noch im Haus untergebracht, dann wurde dahinter eine kleine freistehende Werkstatt errichtet, schließlich eine Werkhalle mit einer ganzen Reihe von Fenstern.

Am 23. April 1983 hat Otto Braasch im Auftrag des Bayerischen Landesamts für Denkmalpflege einige Orte im Bayerischen Wald beflogen. Es galt, Denkmalensembles zu dokumentieren, Dörfer, die sich durch eine eigentümliche, historisch bedeutsame Anordnung der Fluren und Hausgrundstücke auszeichnen. Ein von den Denkmalpflegern hoch geachtetes Dorfensemble ist der alte Wallfahrort Kreuzberg bei Freyung. Seine Radialflur ist nach fast allen Seiten hin landschaftsprägend. Ihre Verbauung konnte weitgehend verhindert werden, nur nach Osten zu ist eine größere Neusiedlung entstanden. Braasch hat die Draufsicht-Dokumentation von Bodendenkmälern in Bayern revolutioniert.

ordnen sich dicht einem langen Anger zu, der sich vom Gasthaus im Osten bis zum Gemeindehaus im Westen ausdehnt und dessen unterer und oberer terrassenartiger Teil sich dem Gelände anpasst. Die nördliche Reihe der Anwesen liegt somit höher als die südliche. Die Höfe haben meist Hakenform; die meist 1898 wieder errichteten, durchgehend verputzten Wohnstallhäuser sind zwei-, auch eingeschossig und stehen mit den Giebeln zum Anger. Putzgliederungen, Granit-Türgewände und einige alte Haustüren sind einziger Schmuck der sonst schlichten Häuser. Rückwärts liegen hölzerne Stadel mit Ziegeldächern, die für das Ortsbild – besonders aus der Sicht von Süden – wesentliche Bedeutung haben. Den einzelnen Anwesen sind Obst- und Hausgärten nachgeordnet, auch der Anger selbst wird durch Bäume belebt. Der beherrschende Bau des Ensembles ist die hinter den Höfen, vor dem freien Höhenrücken, aufragende, 1904–1906 in Formen der Romanik und Gotik erbaute Pfarrkirche."

Am selben Tag hat Otto Braasch Wildenranna photographiert. Die Denkmalliste gibt Auskunft über die städtebauliche Qualität dieses aus dem Wiederaufbau nach einem Ortsbrand (1898) hervorgegangenen Ensembles: „Der Ort liegt an einem Hang über dem Rannatal im südlichen Bayerischen Wald. Die etwa vierzig Bauernanwesen

Nachlässige Planung und Baugenehmigung, deren Folgen sich bereits im Luftbild von 1983 abzeichnen, haben den Ort inzwischen seines klaren Ortsbildes beraubt. Nach fast allen Seiten haben Siedlungswucherungen Raum greifen dürfen, weil für eine planmäßige, auf Gestalt hinwirkende Konzeption Kraft und Wille fehlte.

Arbeit und Würde – und Freizeit genießen

Von Arbeit und Freizeit ist zu reden und auch von der kaum angezweifelten Ansicht, dass früher viel mehr Arbeit und viel weniger Freizeit gewesen sei. Der niederbayerische Romancier und Versedichter Max Matheis hat davon erzählt in seinem Gedicht „Sonntagsruhe auf dem Bauernhof" (1965), ein paar Verse daraus seien zitiert: „Irgendwo im nahen Dorfe / serfelt eine Mundharmonika / durch den Stundentrödel. / Knecht und Bauer, feiernd auf der Hausbank, / wissen ihre Ruhe nicht zu kosten, / und die Hände werden ihnen schwer. / ‚Bauer', spricht der Knecht von ungefähr, / ‚schneiden wir den Weizen morgen? / Ausgereift sind Kern und Stroh.' / Und nun werden ob der Frage / beide ihres Feierns froh. / Ihre Augen leuchten schon dem nächsten Tage."

Ohne Zweifel schöpfte der werktätige Mensch Wert und Würde vor allem aus seiner Arbeit. Im Alter war dieses Ethos so verinnerlicht, dass ohne die Fähigkeit, zur Wirtschaft der Familie einen Beitrag zu leisten, das Leben als wertlos angesehen wurde. Es war vor 1923 den Kapital-Pensionisten, in jüngerer Zeit vielen Frühverrenteten der ehemaligen Staatsbetriebe vorenthalten, ohne Leistung Freizeit zu genießen, mit dem enormen Druck allerdings, aus der Freizeitbetätigung gesellschaftliche Würde zu ziehen.

Erholung und Vergnügen in freier Zeit war aber auch in früheren Gesellschaften nichts Seltenes. In den Handwerksbetrieben

Ein Mühlrad dieser gewaltigen Dimension hat den Photographen angelockt. Der Durchmesser des Rades ist mit etwa 6 m anzunehmen. Die Aufnahme entstand vor 1914 bei einem Mühlenbauer in Obernzell an der Donau.

Die Schmiede Burkhardt in Forstwald bei Neuschönau hatte einen wassergetriebenen schweren Fallhammer. Den großen Bedarf an Holzkohle für die Schmiedeessen deckte der Betrieb mit selbst erzeugter Holzkohle. In den hoch zu einem Kegel aufgerichteten Meiler sind etwa 12 Ster Holz geschlichtet. Der Hammerschmied Burkhardt hat das Holz mit Fichtenreisig und einer dichten Schicht „Lösch" aus Humus und Kohlestaub luftdicht abgedeckt. Eben klopft er die Decke fest, während auf der Brücke, die zum Gipfel des Kegelmeilers hinaufführt, seine Tochter und Helferin Wilhelmine und die Enkelin Kunigunde stehen.

Ein Amateurlichtbild um 1930 zeigt die Familie, die sich zum „Ausziehen" eines Meilers gerichtet hat. Die drei Kinder und der Bursche und das Mädchen in der vorderen Reihe sind Geschwister, die zwei jungen Männer, die hinten stehen, sind vermutlich Schmiedegesellen. Ganz rechts stehen mit Rechen und Schaufel der „Hammervada" und die „Hammermuada". Mit den Holzschaffeln stehen die Kinder bereit, Wasser zu holen. Denn wenn die dichte Decke aus Erdreich von der fertigen Holzkohle abgezogen wird, so dass ungehindert Luft heran kann, entzündet sich die Kohle von selbst und verzehrt sich in hohen Flammen. Damit dies nicht geschieht, wird sie mit Wasser abgelöscht, gerade so viel, dass sie unter ihre Zündtemperatur kommt, aber nicht vernässt.

Wagnerwerkstatt des Johann Krammer, 1933/34: Wir sehen sitzend mit Pfeife den Wagner Matthias Krammer, außerdem seine drei Söhne (v.l.) Fritz, Josef und Johann Krammer. Johann übernahm 1935 den Betrieb. Alles Werkzeug ist ordentlich an den Wänden aufgehängt, auf dem Hackstock stehen zwei Radhaufen (Naben), in die Radbank ist ein halbfertiges Rad gezwängt, in die Fensterlaibung sind vorbereitete Radsegmente geschlichtet. Ein fast vollständig hergestellter Leiterwagen ist am rechten Bildrand angeschnitten, das Rad ist natürlich noch ohne Bereifung, denn das heiße Aufziehen des stählernen Radreifens war Arbeit des ortsansässigen Schmieds.

ruhte die Arbeit, wenn der Meister im örtlichen Wirtshaus seinen täglichen Frühschoppen mit den anderen Handwerksmeistern einnahm. Das war ihnen gewöhnlich auch zugestanden, denn viele Gesellen und Lehrbuben, die im Haus des Meisters wohnten, mussten über die Arbeit in der Werkstatt hinaus morgens und abends in der Landwirtschaft mitarbeiten. Für den Betriebsinhaber war der Frühschoppen in der Gastwirtschaft nicht reine Freizeit, denn dort war die „Börse" für Aufträge, Zuarbeiten, Nachrichten über angebotene und anzubietende Grundstücke und Häuser, Meinungsaustausch über die lokale und allgemeine Finanz- und Auftragssituation. Im Wirtshaus war lange Zeit auch das einzige Telefon am Ort.
Dienstboten war Freizeit meist nur gering zugestanden, wer sie sich erschlich, hatte ein schlechtes Gewissen. Minderjährigen

Der Markt Wegscheid war Pfarr- und Wirtschaftsmittelpunkt des landwirtschaftlich geprägten Umfeldes. Seine überregionale Bedeutung hatte er aber aus der Lage an der aus Passau herführenden Straße, die sich hier nach Böhmen Richtung Prachatitz und über das oberösterreichische Mühlviertel nach Krummau zweigte. Gewerblich dominierte lange Zeit die Leinenweberei. Die Pfarrkirche, zu der die Marktstraße hinaufführt, wurde 1969 durch einen Neubau ersetzt. Ein Ochsenfuhrwerk kommt die unbefestigte Straße herab. Vor den Häuserzeilen bot eine breite, mit Granitplatten belegte Gred Raum zum Aufstellen von Marktständen.

Mägden und Knechten wurde an Sonn- und Feiertagen ein Besuch bei den Eltern bis zur Stallarbeit am Abend gewährt. Dass die Zahl der Feiertage wesentlich zahlreicher war, vor allem in katholischen Ländern, das dürfen wir nicht vergessen.

Und wir dürfen auch nicht vergessen, dass Freizeit vor allem ein männliches Privileg war. Dies mögen wir in aufgeklärter Zeit der Gleichberechtigung beklagen, der Historiker stellt es nüchtern fest – und er nimmt sehr wohl wahr, dass dies mit Einschränkung bis heute gilt. Wirklich freie Zeit ohne Gewissensbisse bot die kirchliche Messe. Die Predigt konnte gar nicht lang genug sein, diejenigen Pfarrer, deren Suada gleichmäßig und ohne Affekt floss, waren die beliebtesten. Da konnten die Jungen an die Verehrten und Begehrten des anderen Geschlechts denken, die Kinder an die Krapfen der demnächst zu erwartenden Tauffeier oder Hochzeit, die Frauen an die Heiratschancen der Töchter. Die Männer schliefen friedlich, den Kopf tief auf die Westenknöpfe hinabgeneigt, so sie nicht vor der Kirchtür, Virginia rauchend und Tagesnachricht erörternd, den Moment der Segnung erwarteten, zu dem sie ihren angestammten Platz auf der Empore aufsuchten.

Natürlich saßen auch viele in den Kirchbänken, denen Sorgen ums tägliche Essen, die Gesundheit der Kinder, die Söhne im Krieg, das Saufen des Mannes, die Unleidigkeit der Altenteiler, Nachbarstreitigkeiten, Bosheit der Schwiegereltern, der Eifer des Beichtvaters von der Kanzel herab und dergleichen die Möglichkeit raubte, den Frieden der Messe zu genießen.

Feste zu feiern, in einem Verein Volkstracht zu pflegen, Musik zu machen und zu hören, ein Laienspiel auf die Bühne zu bringen, das hat nach bürgerlichen Vorbildern im 20. Jahrhundert auch auf dem Land Einzug gehalten. Am Beispiel einiger Menschen des Bayerischen und des Böhmerwaldes sind wir diesem Nebeneinander von Arbeit und Freizeit oben schon in ein paar Aspekten nachgegangen.

Wir betrachten gern Photographien früherer Arbeit. War doch die Werktätigkeit bis zur Einführung von Maschinen, die immer selbständiger und effizienter, aber auch gefährlicher arbeiten, in ihren praktischen Aspekten noch anschaulich nachvollziehbar. Zudem waren die Werkstätten nahe am öffentlichen Raum angesiedelt, viele Tätigkeiten fanden im Freien oder bei offener Tür statt.

Die Photographie von etwa 1912 zeigt Schülerinnen der Spitzenklöppelschule Tiefenbach mit ihrer Lehrerin Franziska Betz. Im Gebäude der ehemaligen Spitzenklöppelschule Tiefenbach befindet sich heute ein Museum, das über die Geschichte des Spitzenklöppelns in Tiefenbach informiert. Die Klöppelschule wurde 1907 gegründet, um jungen Frauen der Region die Möglichkeit bieten, Handklöppelei für den Nebenerwerb zu erlernen. Oberpfälzer Klöppelspitzen erwarben binnen kurzer Zeit einen hervorragenden Ruf.

Wir sehen Arbeiterinnen am Fließband der Zündholzfabrik „Allemann“ in Grafenwiesen (um 1940). Etwa ein Jahrhundert lang prägte die Zündholzproduktion den Alltag im Tal des Weißen Regens. Um 1950/60 war die Grafenwiesener Zündholzfabrik einer der wichtigsten Industriebetriebe des Altlandkreises Kötzting. 1986 stellte „die Allemann“ als eine der letzten deutschen Zündholzfabriken die Herstellung dieses Massenproduktes ein. Ein kleines Spezialmuseum in Grafenwiesen informiert seit 2007 über die lokale und regionale Geschichte der Zündholzindustrie.

Manche alten Photographien sind so reich an Details, so konkret in der Darstellung von Arbeitsschritten, sozialen Bezügen, Tracht und Gerät, dass dieses Bild viele Worte zu ersetzen vermag. Die Schlachtszene beim „Vogl" in Lenzingerberg ist eine solche. Wir verdanken das Bild Christa Zirngibl, die mit Geduld die meisten der Abgebildeten identifiziert hat. Der Bauer Matthias Vogl steht in Holzschuhen und weißem Schurz auf einer großen Granitstufe. Die geschlachtete Sau, vor der er steht, ist bereits ausgeblutet, „gebachelt" und abgeborstet und an den Hinterbeinen aufgehängt. Die gesamten Innereien hängen aus dem geöffneten Leib. Es wird kaum Abfall geben, denn fast alles wird verwertet: die Därme und die Sehnen, Bauchnetz, Fett, Muskelfleisch, Schwarte, auch die Füße, der Kopf samt Rüssel und Ohren, die Knochen und Knorpel, Leber, Magen, Nieren und – wäre es ein Jungeber gewesen – die Hoden. Die Blase diente dem Helfer Matthias Thoma (Hausname: „beim Gruber") immerhin zum Vergnügen, er bläst sie soeben auf zu einem Luftballon. Aufgeschnitten, aufgespannt und getrocknet hätte sie zwei Jahrhunderte früher noch als Fensterglasersatz gedient. Holzhauer haben sich bis vor wenigen Jahrzehnten Tabakbeutel daraus machen lassen. Neben ihm steht Kathl Stadler, die „Såga-Kathl", eine Nachbarin, die nach Bedarf als Taglöhnerin auf den Hof kam. Vor ihren Füßen hat sie einen langstieligen Schlegel abgesetzt, in der rechten Hand trägt sie ein Gerät, das wir nicht identifizieren können. Wozu der Schlegel wohl diente? Geschlagen wurde die Sau mit der Stirn der schweren Axt, die am granitenen Türsturz lehnt. Vor der Axt liegen eine kleine und eine größere Sauglocke; das sind Zinkblechkegel mit einem ausgeschmiedeten Haken an der Spitze, die zum Abschaben der Haare und zum Enthornen der Klauen dienen. Die Bäuerin Maria Vogl steht am vorgeheizten Kessel, in dem die Würste und das frische Stichfleisch gesotten werden. Kathi Stadler verdeckt den Kessel, aber man sieht etwas Dampf hinter ihr aufsteigen. Die zweite Person von rechts ist die Magd Resi Höppler, die junge Frau, die ganz rechts am Surfass steht, in dem bald einige Ranken durchwachsenes Fleisch samt Schwarte zum Räuchern vorbereitet werden, ist unbekannt. Von den Buben auf der Treppe, die wohl zu Dienstbotenkammern hinaufführte, ist nur der zweite, der mit den Hosenträgern, bekannt. Es ist Theo Fisch, lediger Sohn der Kathi Stadler.

Nicht im Bild ist der Sautrog, in dem das Tier gepicht und abgebrüht wurde. Aber wir sehen eine praktische Konstruktion, die das Hochziehen der schweren Sau aus dem Trog erleichtert hat. Üblich war ein hölzernes Gerüst, aber Matthias Vogl verstand sich aufs Schmieden. Wie die hier verwendete Art Schaukel funktioniert hat, die wohl mit Umlenkrollen an den Vorköpfen der Dachsparren befestigt war, lässt sich aber nicht erkennen. Der gefrorene, mit unregelmäßigen Steinen gepflasterte Boden des abschüssigen Hofs lässt erkennen, dass das Lichtbild in der kalten Jahreszeit aufgenommen wurde. Ohnehin war es üblich, auf Weihnachten hin zu schlachten, damit zu den Feiertagen und für den Winter Fleisch zur Verfügung stand. Im Sommer hätte auch die Aufbewahrung ohne Kühltechnik Schwierigkeiten gemacht.

14 Frauen und Männer sind mit dem Bauern in Poppenreut bei Waldkirchen auf dem Feld beim Kornschneiden. Die Männer schneiden, Frauen, und hier auch welche von den Burschen, fassen auf und bündeln. Im Hintergrund sind Kornmandln zu sehen, die zum Nachreifen des Getreides aus mehreren Bündeln zusammengestellt wurden.
Der junge Bauer Georg Peschl steht inmitten seiner Dienstleute und Taglöhner. Er trägt seinen Sohn Josef auf dem Arm, der zu Weihnachten 1943 in einem Wiener Lazarett starb. Der Altbauer Georg Peschl ist mit auf dem Feld: Wir sehen ihn ganz links im Bild mit einer Sense. Die Bedeutung des Großknechts für den Arbeitsfortgang ist deutlich erkennbar: Sepp Schrank steht ganz dominant rechts im Bild, selbstbewusst die eine Hand in die Hüfte gestützt.

Ohne Kopfbedeckung zum Schutz vor der Sonne ist eine erfahrene Erntehelferin nicht aufs Feld gegangen. Manche Frauen bedienten sich einer Sichel zum Auffassen eines Schaubs Getreide. Jeder Schaub wird mit einem flink aus etlichen Halmen gedrehten Strick gebündelt und abgelegt.

Das Gasthaus Gabriel war erste Adresse in Außergefild. Wer auf der Fahrt oder Wanderung von Freyung über Mauth und Finsterau die Grenze bei Buchwald überquert hatte, der gelangte wenige Kilometer weiter nach Außergefild. Ganz auf der Anhöhe stand dieses Gasthaus. Um 1930 hatten sich in der Küche einige Frauen des Dorfes zusammengefunden, um Gänsefedern zu schleißen. Nur die ganz feinen Daunen kann man so, wie sie sind, in Tuchenten füllen, größere Federn müssen halbiert und vom harten Kiel befreit werden. Die Hausherrin Anna Schuster ist bei den sitzenden Frauen die vierte von rechts. Ganz links sitzt ihre Tochter Else.

Tausenden haben die Glashütten Arbeit gegeben. Spiegelau ist mit der Glasindustrie zu Gemeindewürden aufgestiegen und hat sich 1959 den ehemaligen Hauptort Klingenbrunn einverleibt. Auch Frauenau hat mit dem Bahnanschluss reüssiert. Aber natürlich sind immer wieder Hütten geschlossen worden oder zugrunde gegangen. In den Hütten der Familie Hilz, in Neuhütte, Althütte und Klingenbrunn, sind die Öfen erloschen. Die Hohl-, Spiegel- und Tafelglasfabrik Lilienthal existierte nur von 1862 bis 1883. Jüngst hat nun auch die Glashütte Poschinger, die doch Jahrhunderte bestanden hatte, die Produktion eingestellt.
Wir wissen nicht, wo die Reisejournalistin Erika Groth-Schmachtenberger im Jahr 1938 (?) ihr Photo gemacht hat. War es in der Poschinger-Hütte in Spiegelau, wohin sie auf einer ihrer Reisen der Weg geführt hatte?

Johann und Alois Alt, deren Vater in Vilsbiburg ein Photoatelier betrieb, haben um 1910 in Passau einen spektakulären Unfall an der Donaulände photographiert und als Postkarte unter die Leute gebracht. Eine mobile Dampfmaschine war auf einem überbreiten Bruckwagen transportiert worden. Der Wagen samt der Maschine und den beiden Zugpferden ist in die Donau gestürzt.
Die aufwändige Bergung des Geräts, des Wagens und der toten Pferde mithilfe eines Schiffskrans verfolgte ein Heer von Schaulustigen.

In diesen Jahren haben die beiden reisenden Brüder auch diesen Telegraphen-Bautrupp bei Waldkirchen photographiert. Uniformen, Kabelrolle, Prüftelephon, Steigeisen, Fahrrad …, eine Fülle technischer Details hat der erfahrene Photograph mit ins Bild geholt. Unzweifelhaft ist auch, wer von den Männern der Verantwortliche ist.

Männerwelt: Beidseits des Triftgrabens sind die Blöcher hoch aufgerichtet. Wenn die Schleuse, deren Hebewerk im Hintergrund zu sehen ist, geöffnet wird, müssen sie so schnell es geht in den Strom gestoßen werden. Mit eisenbewehrten Stangen stehen entlang dem Triftgraben Männer bereit, welche Blöcher, die sich querstellen, freistoßen, damit sich nicht alles Holz zu einer „Brücke" aufstaut und das Wasser des Schwellteichs ungenutzt abfließt. Die Photographie ist bei Hohenau südlich der großen Staatswälder entstanden.

Weiberwelt: In der Hauswirtschaftsschule – welche hier abgebildet wurde, ist unbekannt – lernten Mädchen und junge Frauen kochen, putzen, waschen, Vorrat halten. Auch Gartenbau, Nähen und Sticken gehörten zum Curriculum, zudem Hygiene und das Führen eines Haushaltsbuchs.

Bei Untergriesbach wurde zunächst nahe an der Oberfläche, seit dem 19. Jahrhundert über immer tiefere Schächte Graphit abgebaut. Manchen Bauern und Unternehmern gelang es, viel Geld mit dem schwarzen Gold zu verdienen, manche aber haben sich ruiniert. Hier ist ein mit kräftigen Pferden bespannter „Doherwagen" zu sehen, mit dem Rohgraphit vom Schacht zur Aufbereitungsanlage geschafft wurde.

Als Schmiermittel und als Zuschlag für keramische Schmelztiegel war Graphit ein unentbehrlicher Werkstoff. Der Schacht im Haaghölzl zwischen Kropfmühl und Pfaffenreut war 1915 noch eine primitive Anlage, wo über ein Wasserrad und Holzgestänge das in die Schächte eindringende Wasser abgepumpt wurde.

Die Fremden kommen – Frühe Jahre des Tourismus im Bayerischen und im Böhmerwald

Sie mit Reisetasche, er mit einem Koffer links, einem Koffer rechts in der Hand, so warteten am Bahnhof in Passau neben den sonstigen Busgästen immer wieder auch Feriengäste auf den Postbus, den Josef Lagerbauer seit der Wiedereinrichtung der Linie nach dem Zweiten Weltkrieg bis zu seiner Pensionierung nach Schönberg im Bayerischen Wald und weiter nach Zwiesel lenkte. Drei und mehr Wochen blieben die Erholung Suchenden aus den großen Städten, die per Bahn in Passau oder über Plattling in Zwiesel ankamen. Wenn sie nach dieser Zeit wieder in Lagerbauers Omnibus zustiegen, um in Passau ihren Zug zurück nach Frankfurt, Köln, Dortmund oder einer anderen im hektischen Wiederaufbau begriffenen Stadt zu erreichen, begrüßte er sie als alte Bekannte.

Am 1. Juli 1908 waren die regelmäßigen Fahrten als Postmotorwagenlinie nach Schönberg aufgenommen worden. Für die Gasthäuser der Ortschaften im Bayerischen Wald, die keinen Bahnanschluss hatten, war dies die Gelegenheit, mehr Touristen anzuwerben. Mit eigenen Fuhrwerken und bald auch mit Kraftfahrzeugen holten die Hoteliers aus anderen Märkten und Dörfern, die von der Linie nicht bedient wurden, ihre Gäste an den Haltestellen ab.

Gruppenreisen steuerten die Hotels und Pensionen im Bayerischen Wald mit Bussen privater Unternehmer an. Die Reisejournalistin Erika Groth-Schmachtenberger hat an einem solchen Bus ein unterhalb der Fenster angeklebtes Plakat mit der Aufschrift „Sonne im Bayerischen Wald" photographiert. Manche Beherbergungsbetriebe spezialisierten sich auf derartige Reisegruppen, sicherten sie doch eine gute Auslastung der Betten über viele Monate des Jahres. Den eingeschlossenen Bürgern Berlins wurden jahrzehntelang Vergünstigungen vielfältiger Art für Reisen in die westdeutschen Erholungsgebiete zugewendet.

Für große nationale und internationale Hotelfirmen wurde es lukrativ, im Bayerischen Wald Herbergen mit einhundert und mehr Zimmern zu errichten. Das „Steigenberger" in Grafenau war ein solches Haus. Als aber mit der Rezession der neunziger Jahre des 20. Jahrhunderts und der Alltäglichkeit billiger Flugreisen in ferne Länder die Konjunktur im Bayerischen Wald einbrach, waren es die aus Familienbetrieben erwachsenen Hotels in Röhrnbach, Haidmühle, Frauenau, Bodenmais u.a. Orten, die durch Qualifizierung und Investitionen Anschluss an den Markt behielten.

Reisen anderer Art in den Bayerischen Wald und den Böhmerwald waren im Zusammenhang mit dem Zweiten Weltkrieg veranlasst. Welches Schicksal hat den jungen Mann erwartet, der zwei Tage vor der Münchner Konferenz, in der Randgebiete der Tschechoslowakischen Republik durch internationalen Vertrag gegen den Willen dieses Landes an das Deutsche Reich abgetreten wurden, am 27. September 1938 aus Ringelai eine eng beschriebene Karte an seinen Vater gesandt hat? Er war dort als Mitglied eines Straßenbauübungsbataillons in einem Zeltlager untergebracht:

„Lieber Papa u. liebe Else! Nach 24stündiger Fahrt sind wir nun mitten im Bayrischen Wald, 20 km von der Grenze gelandet. Wir fuhren bis Passau u. von da über Kalteneck, Waldkirchen nach

Freyung. Von da mußten wir noch zwei Stunden laufen. Wir sind hier in einem großen Zelt untergebracht, ein Fluß fließt nicht weit und so haben wir es ganz schön. In Nürnberg hatten wir eine Stunde Aufenthalt, Mama konnte ich auf diese Weise wieder mal sehen. Wie lange wir hier bleiben weiß ich noch nicht. Hätte kaum gedacht, daß ich noch mal unter solchen Umständen in den Bayrischen Wald komme. Zwiesel liegt nur 25 km entfernt! – Adresse 1 / Str. Bau Üb. Batl. Ringulei [sic!] bei Freyung über Passau. Lieben Gruß Euer Erich." Umlaufend um das Lichtbild der Ortschaft steht geschrieben : „Vielen Dank für Eueren Brief. Kann ihn leider nicht ausführl. beantworten, da wir keine Briefe schreiben dürfen."

Nicht mehr die Bayerische Ostmark wird beworben, wie noch wenige Jahre zuvor, der Böhmerwald schon gar nicht, sondern der Bayerische Wald. Um 1952 bemerkte die Photographin Erika Groth-Schmachtenberger dieses Plakat an einem Bus. Wo die Aufnahme entstand, ist nicht überliefert.

Als der Krieg aus den fernen eroberten Ländern mit den nächtlichen Bombardierungen die deutschen Städte und Industriezentren erreicht hatte, waren die Städte im Böhmerwald und in der besetzten Tschechei zu einem Hort des Friedens geworden. Die auf den 3. April 1944 datierte Postkarte einer jungen Frau an ihre Schwiegereltern im Erzgebirge (Abb. S. XX) ist nur vor diesem Hintergrund recht zu verstehen: „Liebe Schwiegeltern [sic!]! Möchte euch hiermit einige kurze Zeilen senden. Es gefällt mir sehr gut, und möchte am liebsten für immer bleiben. Noch nie in meinem Leben ist es mir so gut ergangen. Soeben bin ich von Walter zurück, und bald lege ich mich schlafen, denn die Luft macht mich müde. Also auch die besten Grüße an Dorli Vogels und alle anderen. Grüßt euch recht herzlich Ilse!" Ob Ilses Mann Walter dort in Winterberg im Böhmerwald in einem Lazarett oder einer Rehabilitationseinrichtung, vielleicht auch in einer Kaserne untergebracht war, wissen wir nicht.
Bis zur Angliederung Österreichs an das Deutsche Reich war der Böhmerwald vor allem für Tschechen, Deutschböhmen und Österreicher beliebtes Urlaubsziel gewesen. Der frühe Skitourismus fand in Markt Eisenstein ein Zentrum, das von Pilsen und Prag aus mit der Bahn gut erreichbar war. Franz Wudy berichtet in der Zeitschrift „Hoam!" von einem Handwerksbetrieb, der sich auf die Herstellung von Skiern spezialisiert hatte: Josef Graßl, Wagnermeister in Markt Eisenstein. Er warb in Annoncen, dass er Skier „aus 1a Gebirgs-Esche" herstellte.
Wudy erinnert sich: „Wir fertigten auch Rodelschlitten. Aber auch verschiedene Holzhauerschlitten vom Graßlwagner waren

Postkarte eines Rekruten aus Ringelai im Unteren Bayerischen Wald, gestempelt 27.9.38 in Freyung. Die Postkarte zeigt ein Idyll: ein friedliches, überschaubares Dorf, auf einer schmalen Straße, die aus dem Bildvordergrund über einen Bach zu dem am Hang gelegenen Dorf hinaufführt, eine kleine Gruppe Menschen. Wenige Tage später begann die Besetzung des Sudetenlandes, die zur Flucht und Vertreibung von 400.000 Tschechen führte. Aus der Dorfmitte ragt die in Naturstein errichtete „Maria Schutzfrau Bayerns" gewidmete Kirche, die 1919/20 nach Plänen des Architekten Michael Kurz erbaut worden ist. Kurz hat in der Diözese Passau mehrere Kirchen erbaut, die bis heute in ihrer Gestalt überzeugen: Klingenbrunn, Kirchberg bei Tiefenbach, Sankt Josef in Passau.

als solide Handwerksarbeit bekannt. (...) Auch bei der Fertigung von schweren Fuhrmannsschlitten war ich noch dabei." Sein Bericht erinnert an das touristische Leben in dem Wintersportort: „Bei schönem Winterwetter gab es viel Schi laufende Gäste im Eisensteiner Tal. Oft wimmelte es auf den Straßen von Schifahrern, die zum oder vom Schifahren unterwegs waren. Früher sind die meisten am Hüttenberg Schi gelaufen (...) Die guten und ausdauernden Schiläufer bestiegen den Arber, Falkenstein oder Panzer."

Was hatten und haben der Bayerische Wald und der Böhmerwald den Touristen eigentlich zu bieten? Berge, reichgliedrige landwirtschaftliche Flur und Natur, auch die unberührte. Bereits vor der Installierung des Nationalparks Bayerischer Wald und des tschechischen Národny Park Sumava gab es ja beim Zwieseler Waldhaus auf bayerischer Seite und beim Boubin nahe Winterberg kleine Urwaldgebiete, die auf Städter eine faszinierende Anziehung ausübten. Kultur und Baudenkmäler konzentrieren sich seit jeher auf die Städte am Rand des Böhmerwaldmassivs, Passau, Krummau und die westböhmischen Badeorte. Bevor „auf der Zell" bei Frauenau von Erwin Eisch und Helmut Koller die kleine Hermannskapelle errichtet wurde, konnte der Bayerische Wald keinen einzigen international bedeutsamen Bau aufweisen, von regionaler Bedeutung waren allenfalls die Jugendstilkirche in Ludwigsthal, die Klosterkirche Rinchnach und die Stadtpfarrkirche von Zwiesel zu nennen. Im Böhmerwald verdient die spätgotische Kirche der Säumerstadt Prachatitz besondere Aufmerksamkeit.

Die „Luftkurorte" des Bayerischen Waldes warben bei den großen Sozialträgern um Erholungsheime. Von den vielen sei hier nur eines genannt, das der Arbeiterwohlfahrt in Herzogau. Zuvor aber war dort schon eines der luxuriösesten Hotels angesiedelt, das „Grenzhotel Herzogau". Mit dem Wirtschaftsaufschwung der Bundesrepublik Deutschland etablierte sich der Bayerische Wald als Fremdenverkehrsregion. Hotels und Pensionen entstanden in großer Zahl, zudem Ferienzimmer in vielen Privathäusern, in jüngerer Zeit auch Angebote für Urlaub auf dem Bauernhof.

Vor allem die „Bettenburgen" und viele private Anbieter von Fremdenzimmern versäumten die notwendige fortlaufende Qualifizierung des Angebots. Als Leitgewerbe ist der Tourismus aber weiterhin im Bayerischen Wald und rapide zunehmend auch im Böhmerwald bedeutsam. Die jüngst in einer Wochenzeitung zu lesende Vision eines Reisejournalisten findet sich gottlob bis heute an keinem Ort des Bayerischen Waldes und des Böhmerwaldes verwirklicht: „Abends erzählt man am Stammtisch gepfefferte Witze und schlägt sich auf die Schenkel. Aus einer Ecke überwacht ein gekreuzigter Christus die Trinker. Die Kellnerinnen tragen Dirndl und überwältigende Dekolletés."

Es ist noch immer vor allem die Natur – mit ihren herben und ihren lieblichen Elementen –, die den Urlaubsgast anlockt.

Ganz am Anfang des Böhmerwaldtourismus standen – neben Ausflügen zum Kloster Hohenfurth und auf das Schloss Rosenberg, zum Plöckensteinsee, zu den steinernen Aussichtstürmen am Schöninger (Klet') bei Krummau oder einem Besuch der Höritzer Passionsspiele – noble, an englischer und Schweizer Sportlichkeit orientierte Häuser wie das „Hotel Rixy" bei Markt Eisenstein und das Touristenhaus in Eleonorenhain, welches mehr in der Tradition der spätfeudalen Jagdhütten gestaltet war. Reinhold Fink hat von beiden Exterieur und Interieur in seinem Bildband „Gruß aus dem Böhmerwald" abgebildet.

Mit diesem Verweis auf einen Autor, der dem ganzen Böhmerwald immer wieder profunde Veröffentlichungen gewidmet hat, sei dieser Bericht, der sich vielen Themen nur in Aus- und Anschnitten widmen konnte, geschlossen.

In älteren Ausgaben dieses Buches ist die idyllische Waldlichtung mit den beiden Holzhäusern als Racheldiensthütte bezeichnet. Aber es ist das Forsthaus Schönplatzl im Neuburger Wald bei Passau. Für die Holzhauer diente ein niedriges Haus mit Legschindeldach. Die Forstbeamten des Staates, die wir dort im Baumschatten neben dem Haus in Gesellschaft sehen, hatten zu ihrer Verfügung ein Haus nach oberbayerischem Vorbild, geprägt vom Historismus des 19. Jahrhunderts und der Baubewegung des Heimatstils.

Die Diensthütten der Staatsforste waren beliebte Ziele von Wanderern. Zudem waren die Forstbeamten vielfach kulturelle Leistungsträger in den entlegenen Gebieten des Bayerischen Waldes, die ihre Gäste zur Jagd, zum Wandern und Skifahren oder zum Botanisieren in ihre Wälder einluden. Auf dem Hohenbogen ist dem Forsthaus ein komfortables Unterkunftshaus beigesellt worden. Es war wohl ein eiskalter Tag, an dem diese Photographie entstand. Alle Zweige sind mit Eiskristallen verbrämt, ein heftiger Wind hat die Baumstämme mit Schnee beschlagen.

Der stattliche Bauernhof in Oberhaiderberg hatte viel Vieh im Stall, der in der Hofmitte hoch aufgerichtete Misthaufen zeugt davon. Im Obergeschoß waren Fremdenzimmer untergebracht, ein besonders schönes vielleicht hinter der dekorativ gestalteten Giebellaube. Der Hof war gut gepflegt zum Zeitpunkt der Aufnahme. Er ist es bis heute – und weiterhin werden dort Urlaubsgäste betreut.

An der bewirteten Tummelplatzhütte zwischen Neuschönau und Mauth fuhren Jagdgäste mit dem Automobil vor. Die Forststraßen waren zu dieser Zeit für Holzfuhren bereits so ausgebaut, dass dies ohne Schwierigkeiten möglich war.

Die Turnerhütte an der Widra/Vydra, direkt an der aus Mader herführenden Straße gelegen, war Wirtshaus für Fuhrleute, aber auch Ziel früher Touristen aus den böhmischen Städten Österreich-Ungarns. 1888 wurde sie im Stil der Böhmerwaldhäuser errichtet, durchaus schon im Bewusstsein des Bauens im Heimatstil. 1932 zerstörte ein Brand das Haus, aber bereits 1934 wurde es wieder errichtet, nun mit mehr Komfort für Touristen.

Aussichtstürme waren einmal groß in Mode. Auf dem Schellenberg bei Simbach am Inn wollte der örtliche Alpenverein einen gemauerten Turm errichten; bevor 1914 der Bau beginnen sollte, entflammte der große Krieg, dem man später den Namen Erster Weltkrieg gab. Auf der Ries über Passau hatte ein Wirt einen hölzernen Turm aufrichten lassen. Er fiel einem Sturm zum Opfer. Das Turmbauen hat bis heute kein Ende. Erst jüngst wurde bei Büchlberg ein neuer Turm geschaffen, der Turm auf dem 1.165 m hohen Haidel bei Haidmühle wurde seit 1935 mehrmals erneuert, zuletzt 1999.
Die Lichtbildpostkarte, die auf den 31. Juli 1921 datiert ist, zeigt die Passauer Hütte und den bis heute erhaltenen Kurz-Turm auf dem Gipfel des 1.039 m aufragenden Schwarzkopfs bei Markt Eisenstein.

Der aus vor Ort gewonnenem Gestein erbaute Aussichtsturm auf dem Schöninger (Klet') bei Krummau zählt zu den ältesten Aussichtstürmen des „touristischen Zeitalters". Der deutsch-böhmische Adelige Joseph Johann Nepomuk Fürst von Schwarzenberg ließ ihn 1822 bis 1825 errichten. Wenngleich die feudalen Zeiten längst vorbei sind, hat sich mit dem Turm bis heute der Ehrenname „Fürst-Joseph-Turm" zumindest im Volksmund erhalten. Die ebenfalls noch immer bestehende Hütte mit Gastronomie hat zu Ehren Theresias von Schwarzenberg den Namen Theresienhütte erhalten.
Die Postkarte ist auf den 19. November 1940 datiert: „Herzliche Grüße aus Priethal bei Krumau sendet dir dein Bruder Berti". Přídolí ist der tschechische Name des Städtchens, das der Absender erwähnt, mit der Schreibweise der Stadt Krummau hat er es nicht so genau genommen.

Das Hotel Botschafter war in Eisenstein – genauer: Bayerisch Eisenstein – einmal das beste Haus am Platz gewesen. 1942, als diese Postkarte geschrieben wurde, diente es als Lazarett. Danach, am Saum des „Eisernen Vorhanges“ gelegen, konnte es nicht wieder zu alter Bedeutung zurückfinden.

„Wolfgangs neue Adresse lautet: Lazarett ‚Botschafter‘“, steht mit Kopierstift auf die Bildseite der Karte geschrieben. Die Rückseite gibt Nachricht an einen „Herrn Direktor und seine Gemahlin“ in Hannover, dass den jungen Soldaten die Eltern besucht haben und berichten können: „Wir sind gut hier gelandet und haben Wolfgang einigermaßen gut angetroffen. Sein Humor ist derselbe geblieben und er hat eine kindliche Freude, dass nun erstmal alles Schwere hinter ihm liegt und wir bei ihm sind.“

Der Osser mit seinem 1.293 m messenden Gipfel ist der höchste Berg des Künischen Gebirges. Als Max Jonak um 1930 diese Photographie machte, wurde der Gipfel noch mit 1.283 m ausgewiesen. Auch das Osserschutzhaus mit seinem Scharschindeldach und den Verschlagschindeln an der Wetterseite und die Tische und Bänke vorm Haus waren noch bescheidener.

Die ehemalige Hofmark Herzogau bei Waldmünchen, unmittelbar am Eisernen Vorhang gelegen, war auf wirtschaftliche Impulse angewiesen. Das Erholungsheim der Arbeiterwohlfahrt, gestützt von öffentlicher Förderung, war eine solche Einrichtung. Bewegung im Freien in sauberer Luft, Ruhe, Freiheit vom Takt des Fließbandes und ein großes Schwimmbad waren für den Fabrikarbeiter aus der Großstadt gleichsam Paradies.

Der Speisesaal des Arbeiterwohlfahrt-Heims in Herzogau, dessen Tür auf die Terrasse und die Freitreppe zum Phototermin geöffnet war, gibt sich mit weißen Tischdecken großbürgerlich. Herzogau hatte sich durch ihre Glasindustrie einen Namen gemacht, Glasperlen, Paterln, gingen von hier aus in alle Welt. Peter Wagner hat zu der Ortschaft ein faktenreiches Heimatbuch verfasst.

Das „Grenzhotel Bayerische Ostmark“ zählte in den dreißiger und auch noch in den vierziger Jahren des zwanzigsten Jahrhunderts zu den nobelsten Erholungsstätten fern der Großstadt. Großbürgerliche Gäste, Industrielle, Militärs und bald auch Größen und Halbgrößen der Nationalsozialistischen Partei stiegen dort ab.

Zentralheizung war selbstverständlicher Komfort des Grenzhotels, die schweren Röhrenheizkörper waren hinter Blenden verborgen. Der Salon war mit ausladenden Fauteuils und Teppich ausgestattet, Wände und Decke waren holzgetäfelt.

Sag amoi, wo war denn des! Woaßt du, wer des war? Kennst du den? Wann kannt denn des gwen sei? Viele Photos geben Ort und Zeit und Namen nicht mehr her. Zu manchen aber gelingt Recherche. Hier hat der Waldläufer Günter Moser mit Hilfe von Michael Silberbauer, Robert Auzinger und Rolf Ammon (vom Bergbauernhof Hudlach) reichlich Wissen zusammengetragen. Wir sehen zwei Männer beim Aufstieg auf den Kaitersberg zur Kötztinger Hütte. Der linke der beiden Männer ist der erste Hüttenwirt, Hans Auzinger, mit Lederhose, Stutzen und Haferlschuhen trachtlerisch gekleidet. Hinter ihm geht mit Rucksack Wolfgang Weiderer, wohnhaft damals in einem Nebengebäude des Bauernhofs Hudlach.

Oben vor der Hütte sitzen der Hüttenwirt Hans Auzinger, seine Frau Katharina und zwei Buben. Für die Buben steht eine Kracherlflasche auf dem Tisch, mit ihren Glaskrügeln prosten sie dem Hüttenwirt zu. Der blonde Junge ist unbekannt, der dunkelhaarige ist Albert Vogl aus Traidersdorf, Bruder von Günter Mosers Mutter, „der später in der Steinwand tödlich abgestürzt ist. Ob beim Schafhüten oder beim Ausnehmen eines Geiernestes, kann ich nicht genau sagen".

Ziel jedes Bildungstouristen, der Winterberg im Böhmerwald besuchte, war der Ortsteil Maria Hilf, in dessen Villen und Vorstadthäusern Angestellte der Fabriken Steinbrener wohnten. Ähnliche Häuser sind um die Wende zum 20. Jahrhundert u.a. in Bad Ischl, aber auch in anderen beliebten Fremdenverkehrs- und Kurbadorten des Habsburgerreiches entstanden.

Die Familie Steinbrener hatte in Winterberg und in weitem Umkreis Fabriken, Wälder, Häuser, Elektrizitätswerke und vieles mehr in Besitz. Wer eine der Nachfahren der Familie, die sich nach der Vertreibung in Oberösterreich angesiedelt hatte, in jüngerer Zeit auf Reisen in den Böhmerwald begleitete, der konnte immer wieder hören: Das hat uns auch mal gehört. Und sie erinnerte, wie vielen Menschen diese Unternehmerfamilie einst Arbeit und Lohn gegeben hat.
Die Postkarten sind auf den 12.6.1904 und – das Lichtbild von Josef Seidel – auf den 24.6.1934 datiert.

Erika Groth-Schmachtenberger hat 1955 das Wirtshaus „Stockbauer-Garten“ an der Prinzregent-Luitpold-Brücke in Passau photographiert. Die Reliefmalerei an der Fassade war erst wenige Jahre zuvor angebracht worden. Auf der Anschreibtafel, die an der abgefasten Hausecke montiert ist, lässt sich entziffern „Donau Barbe“, „Zander“ und „Orig. Ung. Gulasch“. Das Wirtshaus mit seinem baumbestandenen Garten über dem Donau-Kai hat längst dem Kraftverkehr weichen müssen. Und auch das renommierte Schuhhaus Mayerhofer visàvis gibt es seit langem nicht mehr. Die Brücke mit ihrer faszinierenden Hängekonstruktion würden manche lieber heute als morgen auf dem Altar des Schifffahrtsstraßenbaus opfern.

BILDNACHWEIS

Josef Angerer, Pfarrkirchen: S. 17, 126
Arbeitskreis Dorfgeschichte Grafenwiesen, Grafenwiesen: S. 121
Archiv für Hausforschung/Institut für Volkskunde, München: S. 37, 45, 84-85
Bayerisches Landesamt für Denkmalpflege, Photo: Otto Braasch: S. 114-115
Bildarchiv Dr. Ernst Dorn †, Erlau: S. 81
Archiv Freilichtmuseum Finsterau: S. 57, 68, 77, 86-87, 89-91, 97, 124, 132 – Postkartensammlung: S. 11-12, 14, 16, 19, 21, 27-31, 35, 42, 46-47, 88, 98, 100, 102-103, 106-110, 133, 138, 140-144, 150-153, 156-157 – Sammlung Außergefilder Heimatstube: S. 33, 43, 59 – Bereitstellung Landbauamt Landshut: S. 70 – Photo WS-Luftbild: S. 111-113
Film- und Fotokreis Freyung-Grafenau e.V., Freyung: S. 117
Erika Groth-Schmachtenberger †, Murnau/Würzburg: S. 9, 58, 67, 128, 137, 158
Archiv Helmut Habel, Obernzell: S. 15, 116
Bildarchiv Günter Moser, Amberg: S. 154-155
Museum ehemalige Klöppelschule Tiefenbach, Tiefenbach (Opf.): S. 120
Archiv Martha und Richard Klein, Rehberg: S. 17
Archiv Anni Krammer, Heidelberg: S. 53, 72, 118
Josef Lang, Passau: U1, S. 55, 82
Ludwig Leyerseder †, Hauzenberg: S. 62, 66, 96, 104-105
Archiv Anni Mauser, Straubing: S. 6
Archiv Marktgemeinde Obernzell, S. 135
Martin Ortmeier, Passau: S. 94-95
Bildarchiv Dr. Martin Ortmeier, Passau: U4, S. 3, 5, 8, 10, 18, 20, 24-26, 34, 44, 50, 56, 63-64, 69, 101, 119, 146-149
vermutlich Joseph Richtsfeld †, Hartkirchen am Inn: S. 22, 73
Stadtarchiv Passau: S. 13, 23, 40, 79, 92, 98
Repro aus Anneliese und Kurt Paul, „Heimat im Bayerischen Wald“, Dresden 1953: S. 78
Familie Osterrieder, Pfaffenreut: S. 134
Archiv Stadtmuseum Prachatitz (Prachatické muzeum), Prachatice: S. 38-39
Archiv Familie Schanzer (Max Schanzer †), Riedelsbach: S. 65, 74-75
Archiv Bernhard Schuster, Sand am Main: S. 127
Josef Seidel †, Krummau: S. 36, 48, 51-53
Archiv Heimatmuseum Vilsbiburg, Photo: Johann † und Alois Alt †, S. 130-131
Svatopluk Vokurka, Volary: S. 49
Stadtarchiv Waldkirchen: S. 7
Bildarchiv Christa Zirngibl, Passau: S. 60, 80, 122

Dr. Martin Ortmeier
**Passau 1955 – Studium der Kunstgeschichte, Germanistik und Theoretischen Linguistik in Regensburg und München. Dissertation über den „Primitivismus moderner Malerei“. 1983 bis 1984 Wissenschaftlicher Mitarbeiter an den Bischöflichen Kunstsammlungen in Regensburg, 1984 bis 2019 Leiter der Niederbayerischen Freilichtmuseen Finsterau und Massing. Veröffentlichungen über die Kunst der Moderne, Bauernhäuser in Niederbayern und Südböhmen, Sachvolkskunde und Museologie. Herausgeber der „Passauer Kunst Blätter“*

Bildbände aus unserer Heimat

Martin Ortmeier

Schee is gwen, owa hirt

Alte Bilder aus dem Bayerischen Wald

6. Auflage 2022
128 Seiten, s/w bebildert,
Format 26 x 21 cm
ISBN 978-3-95587-815-3
Preis: 24,90 €

Martin Ortmeier

Seinerzeit auf dem Land

Alte Bilder von Frauenalltag und Männerwelt in Ostbaiern

1. Auflage 2018
144 Seiten, s/w bebildert,
Format 26 x 21 cm
ISBN 978-3-95587-736-1
Preis: 19,90 €

Kai Ulrich Müller

Faszination Bayerischer Wald

2. Auflage 2022
244 Seiten, farbig bebildert,
Format 24 x 32 cm
ISBN 978-3-95587-816-0
Preis: 39,90 €

Nach jahrzehntelanger Abgeschiedenheit an der Grenze zum sogenannten „Eisernen Vorhang" präsentiert sich der Bayerische Wald heute – zusammen mit dem Nationalpark Šumava auf der tschechischen Seite – als das letzte große Urwaldgebiet Mitteleuropas. Eindrucksvolle Gipfel wie Großer und Kleiner Arber, Rachel oder Lusen, abgeschiedene Hochmoore, wildromantische, düstere Schluchten und weite, liebliche Ausblicke auf sanfte Bergrücken und grüne Täler verleihen dem Bayerischen Wald seinen einzigartigen Charme.
In den wunderschönen Aufnahmen von Kai Ulrich Müller spiegelt sich die ganze Vielfalt des Bayerischen Waldes wider.